Hamburger Edition

Jens Kersten | Claudia Neu |
Berthold Vogel

# Einsamkeit und Ressentiment

Hamburger Edition

Hamburger Edition HIS Verlagsges. mbH
Verlag des Hamburger Instituts für Sozialforschung
Mittelweg 36
20148 Hamburg
www.hamburger-edition.de



Gestaltung: Lisa Neuhalfen, Berlin
Satz aus der Alegreya Serif und Sans
Druck und Bindung: CPI books GmbH, Leck
ISBN 978-3-86854-387-2
1. Auflage Mai 2024

# Inhalt

# I Demokratische Relevanz von Einsamkeit und Ressentiment

Einsamkeit und Ressentiment sind starke Gefühle, die unsere Gesellschaft beherrschen. Von einer ansteckenden Epidemie der Einsamkeit ist die Rede, die sich zu einer Volkskrankheit entwickelt;[1] und das Ressentiment gilt als das »drängendste Problem unserer Zeit«[2], als eines »der gefährlichsten Übel für die psychische Gesundheit des Subjekts und die Funktionsfähigkeit der Demokratie«.[3] Selbst wenn man diese Diagnosen für überpointiert halten sollte: Einsamkeit und Ressentiments fordern uns heute individuell, sozial und politisch heraus. Dies wird insbesondere dann deutlich, wenn diese beiden starken Emotionen aufeinandertreffen. Kann sich Einsamkeit in Ressentiments niederschlagen? Machen Ressentiments einsam? Und welche Folgen hat dies für die Bürgerinnen und Bürger, für die Gesellschaft und für die Demokratie in der Bundesrepublik?

Wenn man nach den gesellschaftlichen und politischen Folgen des Zusammenhangs von Einsamkeit und Ressentiment fragt, muss man zunächst und vor allem festhalten: Nicht jeder einsame Mensch entwickelt Ressentiments, und umge-

1 Spitzner, *Einsamkeit*, S. 13, 46 ff., 71 ff., 143 ff., 159; kritisch Simmank, *Einsamkeit*, S. 22, 41, 69.

2 Minkmar, »Der Reiz des Leids«.

3 Fleury, *Hier liegt Bitterkeit begraben*, S. 264.

kehrt fühlt sich nicht jede ressentimentgeladene Person einsam. Es besteht also von vornherein kein kausales Verhältnis von Einsamkeit und Ressentiment. Allerdings lässt sich eine individuelle, soziale und politische Korrelation von Einsamkeit und Ressentiment feststellen, die sich desaströs auf den gesellschaftlichen Zusammenhalt und die demokratische Ordnung auswirken kann.[4] Das individuelle Gefühl von Einsamkeit entfaltet sich in einer komplexen Beziehung zu gesellschaftlichen Strukturen. Es ist oft Begleitumstand und Folge gesellschaftlicher Umstände.[5] So kann langanhaltende Einsamkeit zu einem vollständigen sozialen Rückzug und zu physischen und psychischen Erkrankungen führen. Einsamkeit wirkt sich auch negativ auf das gesellschaftliche Miteinander aus. Denn einsame Menschen beteiligen sich im Vergleich zu nichteinsamen Menschen weniger am gesellschaftlichen und politischen Leben.[6] Sie fühlen sich oft nicht (mehr) als Teil der Gesellschaft. Sie beginnen, ihre Mitmenschen und ihre Umwelt negativ wahrzunehmen. Deshalb verabschieden sie sich auch davon, unsere Gesellschaft demokratisch mitzugestalten. Zugleich mangelt es einsamen Menschen – wiederum im Vergleich zu ihren nichteinsamen Mitbürgerinnen und Mitbürgern – oft an politischem Vertrauen in demokratische Institutionen, insbesondere in Parteien und Parlamente, aber

4 Hertz, *Das Zeitalter der Einsamkeit*, S. 56, 58, hinsichtlich der Einsamkeit; Fleury, *Hier liegt Bitterkeit begraben*, S. 138 ff., hinsichtlich des Ressentiments.
5 Luhmann/Bücker/Rüsberg, »Loneliness across Time and Space«.
6 Schobin, *Einsamkeit, Gesellschaft und Demokratie*, S. 34.

auch in Verwaltungen und Justiz.[7] Einsame Menschen sprechen Politikerinnen und Politiker ungern persönlich mit Blick auf individuelle und gesellschaftliche Probleme an.[8] Sie nutzen im geringeren Maß die partizipativen Möglichkeiten, sich mit Petitionen an Parlamente und Regierungen zu wenden. Sie nehmen weniger häufig an Wahlen teil und verzichten damit auf das zentrale politische Recht und Instrument demokratischer Teilhabe, über das die Bürgerinnen und Bürger in einer parlamentarischen Demokratie verfügen. Wenn aber einsame Menschen zur Wahl gehen, entscheiden sie sich häufiger für populistische Kandidatinnen und Kandidaten und für populistische Parteien,[9] während dies bei Personen, die vielfältige soziale Beziehungen unterhalten, weniger der Fall ist.[10] Einsame Menschen neigen zudem eher zu Verschwörungsmythen, und sie billigen eher politische Gewalt, als dies nichteinsame Menschen tun. Doch einsame Menschen sind zugleich auch häufiger Opfer von Diskriminierung. Diskriminierung erzeugt und verstärkt Einsamkeit. Gerade in diesem Punkt zeigt sich eine erste Klammer von Einsamkeit und

7 Ebd., S. 10.

8 Vgl. hierzu und zum Folgenden Langenkamp, »Lonely Hearts, Empty Booths?«, S. 1239 ff.; ders., »Enhancing, Suppressing or Something in Between«, S. 311 ff.

9 Cox, »Could Social Alienation Among Some Trump Supporters Help Explain Why Polls Underestimated Trump Again?«; Hertz, *Das Zeitalter der Einsamkeit*, S. 56 ff.; zurückhaltender mit Verweis auf offene Forschungsfragen Schobin, *Einsamkeit, Gesellschaft und Demokratie*, S. 32 f.; Neu/Küpper/Luhmann, *Extrem einsam?*, S. 8 m. w. N.

10 Neu/Küpper/Luhmann, *Extrem einsam?*, S. 25; weiterführend Hertz, *Das Zeitalter der Einsamkeit*, S. 58.

Ressentiment. Denn einsame Menschen werten ihrerseits andere Menschen und soziale Gruppen in weitaus stärkerem Maße ab, als nichteinsame Menschen dies tun. Die Zustimmungswerte zu Antisemitismus und Rassismus und die Ablehnung einer pluralistischen und diversen Gesellschaft sind bei einsamen Menschen besonders hoch. Einsamkeit macht somit nicht nur verletzlich, sondern kann – möglicherweise aufgrund selbst erlittener Kränkungen – dazu führen, andere Menschen und soziale Gruppen abzuwerten, um das eigene Selbst zu stabilisieren.[11]

Wie hoch das Gefährdungspotenzial von Einsamkeit und Ressentiment für den gesellschaftlichen Zusammenhalt und die demokratische Ordnung der Bundesrepublik einzuschätzen ist, zeigt auch eine Studie, die sich im Jahr 2023 den politischen Folgen von Einsamkeit unter Jugendlichen gewidmet hat.[12] Die Studie bringt bereits in ihrem Titel – *Extrem einsam?* – das sozial und politisch prekäre Verhältnis von Einsamkeit und Ressentiment zum Ausdruck. Sie kommt zu dem Ergebnis, dass viele Jugendliche von dem Gefühl der Einsamkeit beherrscht werden: 55 % der Jugendlichen fehlt manchmal oder immer Gesellschaft, und 26 % der Jugendlichen haben nicht das Gefühl, anderen Menschen nahe zu sein. Viele Jugendliche entwickeln kein klares Bild von Gesellschaft und distanzieren sich von der Demokratie. Nur 57 % der Jugendlichen halten die Demokratie für die beste Staatsform. Wiederum

11 Neu/Küpper, »Einsamkeit, Feindseligkeit und Populismus«, S. 347, 352.

12 Vgl. hierzu und zum Folgenden Neu/Küpper/Luhmann, *Extrem einsam?*, S. 4, 9, 31 ff., 45 ff., 51.

55 % der Jugendlichen bemängeln, die Politik greife nicht die Themen auf, die für ihre Generation relevant seien. 25 % der Jugendlichen fühlen sich politisch ohnmächtig. Darüber hinaus belegt die Studie *Extrem einsam?* einen Zusammenhang zwischen der persönlichen Einsamkeit und autoritären Einstellungen unter Jugendlichen, wobei Verschwörungsglaube, Billigung politisch motivierter Gewalt und Bewunderung autoritärer Führung als Indikatoren dienen. So ist der Anteil einsamer Jugendlicher – wiederum im Vergleich zu nichteinsamen Jugendlichen – signifikant höher, die an den Verschwörungsmythos glauben, die Regierung verheimliche wichtige Informationen vor der Öffentlichkeit (58 % Einsame vs. 46 % Nichteinsame), insbesondere was Terroranschläge angehe (47 % Einsame vs. 31 % Nichteinsame). Die Billigung von Gewalt gegen Politikerinnen und Politiker fällt bei einsamen Jugendlichen ebenso höher aus (34 % Einsame vs. 25 % Nichteinsame) wie die Bewunderung autoritärer Führungspersönlichkeiten (46 % Einsame vs. 35 % Nichteinsame). Demgegenüber stellt die Studie *Extrem einsam?* aber auch fest, dass 20 % der Jugendlichen eine populistische Einstellung teilt, ohne dass diesbezüglich jedoch ein signifikanter Unterschied zwischen einsamen und nichteinsamen Jugendlichen festgestellt werden kann.

Die Verbindung von Einsamkeit und Ressentiment ist also für die Entfaltung des gesellschaftlichen Zusammenhalts und die demokratische Ordnung der Bundesrepublik von höchster Relevanz.[13] Aber was kann man gegen diese Gefährdung des

13 Ebd., S. 65; Neu/Küpper, »Einsamkeit, Feindseligkeit und Populismus«, S. 335.

gesellschaftlichen Zusammenhalts und der demokratischen Ordnung tun? Die Antwort auf diese Frage fällt nicht leicht. Gut gemeinte Vorschläge des Common Sense wirken nicht gegen Einsamkeit: »Unternimm doch mal was, und lern einfach mal ein paar nette Leute kennen.«[14] Und auch gegen Ressentiments helfen gute Ratschläge wenig: »Anstatt immer wieder dein Ohnmachtsgefühl wiederzukäuen, solltest du vielleicht mal besser deinen Groll runterschlucken und dich gegenüber deiner Umwelt offen zeigen.« Sicherlich ist das individuelle Bemühen von Bürgerinnen und Bürgern ganz zentral, um Einsamkeit und Ressentiment zu begegnen, wenn nicht sogar zu überwinden. Dies gelingt aber oft weder im Fall der Einsamkeit noch im Fall des Ressentiments allein aus eigener Kraft.[15] Auch die individuelle Anstrengung »zur Heilung« benötigt also vielfach mitmenschliche Hilfe sowie die Unterstützung von gesellschaftlichen und staatlichen Institutionen, die Prävention und Intervention anbieten sowie zu einer Enttabuisierung der Themen Einsamkeit und Ressentiment beitragen: So sind Einsamkeit und Ressentiment nicht isoliert als individuelles Schicksal oder gar als Charakterschwächen zu betrachten. Vielmehr haben sie auch soziale Ursachen, und sie bergen evidente Risiken und Gefahren für den gesellschaftlichen Zusammenhalt und die demokratische Ordnung. Wenn man dies aktiv oder defensiv ignoriert, »privati-

14 Cacioppo/Cacioppo, »The Growing Problem of Loneliness«, S. 426.

15 Svendsen, *Philosophie der Einsamkeit*, S. 225, für die Einsamkeit; Fleury, *Hier liegt Bitterkeit begraben*, S. 25 f., für das Ressentiment.

siert« man ein zentrales und zugleich risikoreiches, wenn nicht sogar gefährliches Problem unserer Gesellschaft, ohne es zu lösen.

Inzwischen haben Gesellschaft und Politik die Bedeutung von Einsamkeit in praktisch allen sozialen Lebensbereichen erkannt. In einem Aufsehen erregenden symbolischen Akt hatte die britische Premierministerin Theresa May im Jahr 2018 einen »Minister for Loneliness« in Großbritannien berufen.[16] Auch in Deutschland sind – wie in anderen europäischen Ländern – die gesundheitlichen und sozialpolitischen Folgen von Einsamkeit in das Zentrum der politischen Aufmerksamkeit gerückt.[17] Dies hat sich in der Corona-Pandemie noch einmal verstärkt.[18] Gesundheits- und Familienministerien entwickeln nun Strategien gegen Einsamkeit, vor allem zur Prävention und Hilfe für die Bewältigung von Einsamkeit im Alter. Die »Strategie gegen Einsamkeit«, die von der Bundesregierung am 13. Dezember 2023 verabschiedet wurde, setzt auf die gesellschaftliche Enttabuisierung, gesundheitliche Therapie und wissenschaftliche Forschung, wobei insbesondere die Lebensbereiche Alter und Arbeit, Bildung und Gesundheit als besondere Herausforderung ausgewiesen

16 Barron, »British People Are So Lonely That They Now Have a Minister for Loneliness«.

17 BT-Drs. 19/4760; 19/10456; 19/25249; 20/4594; Deutscher Bundestag – Wissenschaftliche Dienste, Studien zur Verbreitung von Einsamkeit in Deutschland und Europa; Bundesministerium für Familie, Senioren, Frauen und Jugend, *Strategie gegen Einsamkeit*.

18 BT-Drs. 19/21414; 19/22029; vgl. auch Herbst/Mautz/Vogel, *Gleichzeitig ungleich*.

werden.[19] Aber Lars Svendsen hat vollkommen zu Recht die Frage aufgeworfen, ob die Politik gegen Einsamkeit – und man kann sogleich auch hinzufügen: gegen Ressentiment – nicht doch weiterer und zugleich ganz anderer Strategien als Gelder zur Vorbeugung gegen Einsamkeit bei Älteren bedarf. »Wollte man« – so Svendsen – »eine Maßnahme umsetzen, die wesentlich bessere Wirkung erzielt als die, für welche die Regierung Gelder bewilligt hat, würde es sich vermutlich um psychologischen Beistand handeln. Ansonsten ist die Stärkung von Institutionen, die Vertrauen fördern, das Wichtigste, was man als Politiker tun kann, um Einsamkeit vorzubeugen, aber das spielt sich im Großen und Ganzen außerhalb der Domäne des Gesundheitsministeriums ab.«[20] Wie wenig zielführend »einfache« Lösungen oft sind, zeigen auch die Hinweise der Jugendlichen, die in der bereits zitierten Studie *Extrem einsam?* befragt wurden: Eigenes Bemühen aus der Einsamkeit herauszufinden – wie etwa durch Ignorieren, Nachdenken, Social-Media-Nutzung, Aufsuchen professioneller Hilfe – bleibt oft wirkungslos und wird von vielen Jugendlichen nicht als hilfreich empfunden.

Fasst man dies zusammen, so stellen Einsamkeit und Ressentiment ein Risiko für den gesellschaftlichen Zusammenhalt und die demokratische Ordnung in der Bundesrepublik dar. Um diese gesellschaftliche und demokratische Herausforderung anzunehmen, fehlt es uns leider noch immer an einem umfassenden Bild, welche Folgen Einsamkeit und Res-

19 Bundesministerium für Familie, Senioren, Frauen und Jugend, *Strategie der Bundesregierung gegen Einsamkeit.*

20 Svendsen, *Philosophie der Einsamkeit*, S. 224 f.

sentiment zeitigen. Wir haben erste signifikante Daten, die uns die große gesellschaftliche und demokratische Relevanz von Einsamkeit und Ressentiment vor Augen führen. Doch wir verfügen bisher nur über tentative Ansätze eines konzeptionellen Rahmens, um die Korrelation von Einsamkeit und Ressentiment sozial zu verstehen, politisch zu handeln und rechtlich zu bewerten. Diese konzeptionelle Herausforderung hat Cynthia Fleury auf die pointierte Formel »Soziologie statt Ressentiment«[21] gebracht, die sich problemlos auf die Einsamkeit erweitern lässt. Ohne ein soziologisches und – so kann man ergänzen – politik- und rechtswissenschaftliches Konzept ist es nicht möglich, die statistisch evidente Entwicklung des Verhältnisses von Einsamkeit und Ressentiment für Gesellschaft und Demokratie zu reflektieren. Erst auf einer solchen konzeptionellen Grundlage lassen sich soziale, politische und rechtliche Handlungsstrategien gegen Einsamkeit und Ressentiment entwickeln, um den gesellschaftlichen Zusammenhalt zu gewährleisten und die demokratische Ordnung in der Bundesrepublik zu garantieren.

Wir möchten im Folgenden versuchen, ein solches Konzept zu skizzieren. Dies geschieht vor dem Hintergrund des *psychological turn*, den die Geistes- und Gesellschaftswissenschaften im vergangenen Jahrzehnt vollzogen haben. Sie achten heute in der Analyse und Kritik gesellschaftlicher Entwicklungen verstärkt auf Emotionen – und damit auch auf Einsamkeit und Ressentiment, um die sozialen, politischen, wirtschaftlichen und rechtlichen Folgen dieser »Gefühlstat-

21 Fleury, *Hier liegt Bitterkeit begraben*, S. 132, unter Bezugnahme auf Heinich, »Sublimer le ressentiment«.

sache[n]«[22] zu bestimmen und einzuordnen. Im Zuge dieses *psychological turn* sind auch bereits eine ganze Reihe von Vorschlägen unterbreitet worden, wie man soziale und politische Emotionen verstehen und bewerten kann, um auf dieser Grundlage wiederum politische Handlungsstrategien zu entwickeln. Wir möchten für die Konturierung eines Konzepts für das Verständnis von Einsamkeit und Ressentiment als »undemokratische Emotionen«[23] einen dreidimensionalen Ansatz wählen, der Emotionen, Strukturen und Werte in ihrer spannungsreichen Wechselwirkung analysiert und reflektiert (II). Mit diesem dreidimensionalen Ansatz nehmen wir zunächst Einsamkeit und Ressentiment je für sich in den Blick: Einsamkeit ist das subjektive Gefühl eines Mangels an sozialen Beziehungen, der nicht nur großes persönliches Leid verursachen, sondern auch demokratiegefährdende Potenziale entfalten kann (III). Das Ressentiment ist ein Gefühl der Ohnmacht, das über eine soziale Polarisierung die gesellschaftliche Spaltung vertieft (IV). Im Anschluss daran können sodann die emotionalen, strukturellen und funktionalen Korrelationen von Einsamkeit und Ressentiment beschrieben werden, die in Kohäsions-, Vertrauens- und Integrationsverlusten des gesellschaftlichen Zusammenhalts und der demokratischen Ordnung der Bundesrepublik liegen (V). Auf der Grundlage dieses Konzepts analysieren wir sodann die zentrale Bedeutung des sozialen Raums für das Zusammenspiel von Einsamkeit und Ressentiment (VI) und zeigen auf, wie demokratische Politik der Formel »Einsamkeit + Ressenti-

22 Scherpe, »Ressentiment«, S. 165.

23 Illouz, *Undemokratische Emotionen*.

ment = undemokratische Gefühle« begegnen kann und auch muss (VII), damit Einsamkeit und Ressentiment nicht zum kollektiven Schicksal werden (VIII).

## II Psychological Turn: Emotionen, Strukturen, Werte

In den 1980er und 1990er Jahren hatte ein *economic turn* dafür gesorgt, dass der »Wettbewerb« auch die wissenschaftliche und politische Begriffs-, Prinzipien- und Konzeptbildung bestimmte. Die Digitalisierung führte von den 1990er bis in die 2010er Jahre dazu, dass die »Vernetzung« zum allgegenwärtigen Paradigma in den Geistes- und Gesellschaftswissenschaften wurde: Im *digital turn* war und ist alles vernetzt. Gespeist aus marktzentriertem Denken einerseits und gänzlich neuer Datenverfügbarkeit andererseits, gewannen sodann im ausgehenden 20. Jahrhundert zwei »neue«, parallel laufende und sich gelegentlich überschneidende Turns an Bedeutung. Vom *spatial turn* – also der stärkeren Einbeziehung von Raumaspekten in der sozialwissenschaftlichen Empirie und Theorie – wird im sechsten Kapitel noch ausführlich die Rede sein. In diesem Kapitel steht jedoch die sich seit den 2010er Jahren deutlich abzeichnende psychologische Wende – der *psychological turn* – in den Geistes- und Gesellschaftswissenschaften im Vordergrund.[1] Wenn es heute um die Analyse und Reflexion sozialer und politischer, ökonomischer, ökologischer und rechtlicher Entwicklungen geht, wird überwiegend auf psychologische Begriffe, Konzepte und Prinzipien

1 Vgl. hierzu und zum Folgenden Kersten, »Wir müssen alle unser Leben ändern«; ders., *Die Verfassung öffentlicher Güter*, S. 142 ff.

zurückgegriffen – oder vielleicht doch genauer: auf Begriffe, Konzepte und Prinzipien, die jedenfalls auch über eine psychologische Bedeutung verfügen, selbst wenn sie ursprünglich aus anderen Disziplinen und Kontexten stammen: Achtsamkeit, Adaptation, Agilität, Aneignung, Coping, Distancing, Empowerment, Fragilität, Identität, Kränkung, Nudging, Preparedness, Robustheit, Resilienz, Resonanz, Responsivität, Selbst, Singularität und natürlich – allen voran – Vulnerabilität. Sicherlich, die Geistes- und Gesellschaftswissenschaften haben ebenso wie die öffentliche Meinung »immer« schon psychologische Begriffe, Konzepte und Prinzipien rezipiert, beispielsweise Autonomie, Risiko, (Vor-)Sorge, Verantwortung und Vertrauen. Aber die schiere Quantität und die reflektierte Qualität von psychologischen Begriffen, Prinzipien und Konzepten, die in den Geistes- und Gesellschaftswissenschaften aufgegriffen werden, gehen weit darüber hinaus: Sie sind Ausdruck eines *psychological turn*.

Vielfach wird im Rahmen dieses *pychological turn* schlicht das individuelle Selbst in den Mittelpunkt gestellt. Ganz im Sinne einer neoliberalen Logik geht es dann um Selbstoptimierung, darum, anpassungsfähig und positiv zu sein, sich von Widrigkeiten des Lebens schnellstmöglich zu erholen, sich toxischer Beziehungen zu entledigen und resilient auf Krisen zu reagieren. Was aber, wenn es immer weniger gelingt, negative Erlebnisse in positive Selbsterfahrung umzudeuten? Wenn Armut eben doch nicht »sexy« ist und es nicht zu Germany's Next Topmodel reicht? Wenn die Corona-Pandemie die psychischen Ressourcen angegriffen und die sozialen Kräfte geschwächt hat? Und wenn man beim Achtsamkeitskurs wieder niemanden kennengelernt hat? In der Corona-Pandemie haben Millionen von Menschen erlebt, wie sich Einsamkeit anfühlt, wie sehr sie schmerzt und ohnmächtig macht. Soziale Isolation wurde zur ersten Bürgerpflicht und deshalb zu einer gesellschaftlichen Lebensform, unter der viele Menschen sehr gelitten haben und bis heute leiden.[2] Diese Erfahrung hat sicher dazu beigetragen, Einsamkeit nicht mehr ausschließlich als individuelles Problem wahrzunehmen, das Betroffene allein im hohen Alter und nach Schicksalsschlägen ereilt und das schamerfüllt und still ertragen wird. Die Einsamkeit wird nicht mehr nur als (unvermeidliche) Begleiterscheinung des sozialen, wirtschaftlichen und politischen Wandels verstanden: Vereinsamung etwa als Folge der Auflösung traditioneller Lebensformen und der Individualisierung. Sie wird vielmehr als ein eigenständiges Phänomen wahrgenommen und sieht sich heute deutlich stärker in den Mittelpunkt der gesellschaftlichen, wissenschaftlichen und politischen Aufmerksamkeit gerückt als noch vor wenigen Jahren. Dafür spricht auch, dass sich Einsamkeit in praktisch allen sozialen Lebensbereichen der Menschen manifestiert: vereinsamende Armut, isolierte Arbeit, soziale Diskriminierung, identitätsfixierte Singularisierung, konsumistische Kontaktlosigkeit, digitale Introvertierung, demografische Vereinsamung, infrastrukturelles Abgehängtsein, gesundheitliche Risiken und antidemokratische Ressentiments.[3] Vor diesem

2 Neu/Müller, *Einsamkeit*, S. 42 ff.; Neu, *Place Matters!*, S. 20 ff., für einen phänomenologischen Überblick.

3 Hertz, *Das Zeitalter der Einsamkeit*; Neu/Müller, *Einsamkeit*, S. 21 ff., für einen phänomenologischen Überblick.

Hintergrund ist heute auch schon von einem »Einsamkeits-Turn«[4] die Rede.

Wenn man sich auf diesen *psychological turn* wissenschaftlich einlässt, wird schnell deutlich, dass insbesondere die Auseinandersetzung mit Einsamkeit und Ressentiment auf eine lange Problem- und Theorietradition zurückblicken kann. Deshalb ist der Einwand, dass Einsamkeit und Ressentiment eigentlich nicht theoriefähig sind, kaum haltbar.[5] So sah beispielsweise Hannah Arendt in ihrer Analyse der *Elemente und Ursprünge totaler Herrschaft* (1951) in der Verlassenheit der Menschen, die sich in den sozialen, wirtschaftlichen und politischen Krisen der ersten Hälfte des 20. Jahrhunderts entwickelt hat, die individuelle und soziale Grunderfahrung, die in den Totalitarismus führte.[6] In der Dienstleistungs-, Wohlstands- und Konsumgesellschaft, die nach 1945 entstanden ist, haben Reuel Denny, Nathan Glazer und David Riesman mit der paradoxen Formulierung »Die einsame Masse« (»The Lonely Crowd«) (1957) den »Wandel des amerikanischen Charakters« zwischen freiheitlichem Autonomieanspruch und konformer Anpassung beschrieben.[7] Auf dem Höhepunkt des neoliberalen Strukturwandels analysierte Robert D. Putnam in »Bowling Alone« (2000) den Niedergang »sozialen Kapitals« aufgrund des Verlusts von sozialem Engagement und sozialer

4 Schobin, »Gibt es in Deutschland eine Politik gegen Vereinsamung?«, S. 48.

5 Scherpe, »Ressentiment«, S. 166: »Theoriefähig ist das Ressentiment eigentlich nicht …«.

6 Arendt, *Elemente und Ursprünge totaler Herrschaft*, S. 727.

7 Riesman/Denny/Glazer, *Die einsame Masse*, S. 251 ff.; kritisch Svendsen, *Philosophie der Einsamkeit*, S. 169 ff.

Teilhabe als ein zentrales Paradigma des gesellschaftlichen Wandels.[8] Und heute bietet Noreena Hertz eine umfassende Phänomenologie des »Zeitalters der Einsamkeit« (2021), in der sie die individuellen und sozialen, ökonomischen und politischen Schattenseiten der kontaktlosen Gesellschaft der Singularitäten ohne Solidaritäten beschreibt.[9] Schon diese stichwortartige Aufzählung verdeutlicht, dass die theoretische Reflexion von Einsamkeit keineswegs auf der existenziell abstrakten und zeitübergreifenden Höhe der »Einsamkeit des modernen Menschen«[10] erfolgt. Einsamkeit sieht sich vielmehr in ihren konkreten gesellschaftlichen Strukturen und Wertbezügen analysiert, und sie verändert sich zusammen mit ihren sozialen, wirtschaftlichen und politischen Kontexten.

Dies gilt nicht nur für die Einsamkeitsforschung. Auch die wissenschaftliche Reflexion von Ressentiments wird durch Sozialstrukturen und Wertbezüge geprägt, die wiederum Ausdruck der gesellschaftlichen Entwicklung sind: von Friedrich Nietzsches Polemik der moralgeladenen Ohnmacht (1887)[11] und Max Schelers ressentimentgeladener Soziologie des Ressentiments im Kaiserreich (1912)[12] über Theodor W. Adornos Kritik des Antisemitismus in der faschistischen Propaganda

8 Putnam, *Bowling Alone*; kritisch Svendsen, *Philosophie der Einsamkeit*, S. 157 ff.

9 Hertz, *Das Zeitalter der Einsamkeit*.

10 Hecht, *Die Einsamkeit des modernen Menschen*.

11 Nietzsche, *Zur Genealogie der Moral*, S. 782 (I/10).

12 Scheler, *Das Ressentiment im Aufbau der Moralen*, S. 3 ff.

(1946)[13] bis zu Joseph Vogls »List der ressentimentalen Vernunft« im digitalen Kapitalismus (2021),[14] Eva Illouz' Analyse des Ressentiments in undemokratischen Gefühlsstrukturen[15] und Cynthia Fleurys psychotherapeutischem Plädoyer, die eigene Verbitterung durch die Öffnung zu einer (postkolonialen) Welt zu überwinden.[16] Nimmt man diesen Struktur- und Wertbezug mit in den Blick, so kann man – in Anlehnung an Peter Sloterdijks Geschichte des Zorns[17] – von einem Strukturwandel der individuellen, sozialen und politischen Gefühle sprechen. Ganz in diesem Sinn spiegeln auch Einsamkeit und Ressentiment den sozialen und kommunikativen, wirtschaftlichen und politischen Strukturwandel unserer Gesellschaft und Demokratie emotional wider; und vice versa prägen Einsamkeit und Ressentiment wiederum diesen Strukturwandel der bundesrepublikanischen Gesellschaft und Demokratie.

Im Rahmen dieses *psychological turn* werden nun unterschiedliche Konzepte für das soziale und politische Verständnis von Gefühlen entwickelt und diskutiert. So hat beispielsweise Eva Illouz gerade mit Blick auf die uns interessierenden

13 Adorno, »Anti-Semitism and Fascist Propaganda«, S. 398 ff.; ders., »The Authoritarian Personality – Prejudice in the Interview Material«, S. 265 ff.; vgl. zu Adornos Kritik des Ressentiments insbesondere Bolz, »Lust der Negation«, S. 755 ff.; Fleury, *Hier liegt Bitterkeit begraben*, S. 117 ff.

14 Vogl, *Kapital und Ressentiment*, S. 157 ff.

15 Illouz, *Undemokratische Emotionen*, S. 121 ff.

16 Fleury, *Hier liegt Bitterkeit begraben*, S. 193 ff.

17 Sloterdijk, *Zorn und Zeit*, S. 45: »Strukturwandel des Zorns in der Moderne«.

»undemokratischen Gefühle« den von Martha Nussbaum profilierten Analyseansatz politischer Emotionen aufgegriffen und weiterentwickelt.[18] Illouz beschreibt den heute grassierenden Populismus mit einem vierdimensionalen Konzept von Gefühlsstrukturen: Die populistische Kombination der vier Emotionen Angst, Ressentiment, Abscheu und Nationalstolz führt nach ihrer Auffassung zu einer verzerrten Realitätswahrnehmung der Menschen.[19] Allein die gefühlstrukturelle Kombination dieser vier starken Emotionen erlaubt es nach der Auffassung von Illouz dem Populismus, empirische Tatsachen zu leugnen und seinen Herrschaftsanspruch auf dieser Grundlage politisch zu legitimieren.[20]

Wir möchten hier jedoch einen anderen Ansatz für die Beschreibung der Bedingungen und Wirkungen undemokratischer Gefühle wählen. Mit einem dreidimensionalen Konzept aus Emotionen, Strukturen und Werten sollen die Korrelation von Einsamkeit und Ressentiment als undemokratische Gefühle und ihre Folgen für den gesellschaftlichen Zusammenhalt und die demokratische Ordnung diskutiert und bewertet werden.[21] Die erste Dimension dieses Konzepts sind die Emotionen von Menschen als individuelle, aber auch soziale und kollektive Gefühle: Einsamkeit und Ressentiment. Die zweite Dimension dieses Konzepts bilden die Strukturen, auf die Menschen mit individuellen, sozialen und kollektiven Gefüh-

18 Nussbaum, *Politische Emotionen*.

19 Illouz, *Undemokratische Emotionen*, S. 14, 16 ff., 22 ff.

20 Ebd., S. 15.

21 Vgl. hierzu und zum Folgenden auch Luhmann/Bücker/Rüsberg, »Loneliness across Time and Space«, S. 13 ff.; Neu/Müller, *Einsamkeit*, S. 52 ff.; Mau/Lux/Westheuser, *Triggerpunkte*, S. 320 ff.

len reagieren, aber die auch Menschen in ihren individuellen, sozialen und kollektiven Gefühlen beeinflussen: insbesondere Familien-, Infra-, Kommunikations-, Politik-, Sozial- und Wirtschaftsstrukturen. Die dritte Dimension dieses Konzepts stellen die Werte dar, die in Emotionen und Strukturen zum Ausdruck kommen, mit denen aber zugleich auch Emotionen und Strukturen wiederum bewertet werden: insbesondere Freiheit und Gleichheit, Individualismus und Personalität, Solidarität und Demokratie. Führt man sich dieses dreidimensionale Konzept noch einmal insgesamt vor Augen, wird deutlich, dass es sich um einen offenen und zugleich dynamischen Analyseansatz handelt. Die Korrelation von Einsamkeit und Ressentiment wird nicht statisch, sondern in der gesellschaftlichen Entwicklung begriffen. Dieser offene und zugleich dynamische Analyseansatz bewahrt mit Blick auf Einsamkeit und Ressentiment vor allem auch davor, Begriffe und Konzepte, die im deutschen Kaiserreich profiliert oder zur Kritik von Faschismus und Nationalsozialismus entwickelt wurden, unbesehen auf die aktuellen Problemlagen gesellschaftlicher Entwicklung zu übertragen.

# III Einsamkeit

Auch wenn Einsamkeit heute viel öffentliche Aufmerksamkeit erfährt: Es ist nicht immer klar, worüber genau gesprochen wird, wenn von Einsamkeit die Rede ist. Einsamkeit, Isolation und Alleinsein werden oft in einem Atemzug genannt. Doch wo liegen die Unterschiede? Hat Einsamkeit in der Moderne zugenommen? Um diese Fragen zu beantworten, muss man sich die verschiedenen Definitionen und Erscheinungsformen von Einsamkeit und Isolation vor Augen führen und die unterschiedlichen gesellschaftlichen Folgen von Vereinsamung beleuchten.

## Emotion der Einsamkeit

Das Gefühl der Einsamkeit wird als eine existenzielle menschliche Empfindung sehr vielfältig beschrieben. Dieses Verständnis existenzieller Einsamkeit lehrt uns das Fürchten, motiviert uns aber auch, unser Leben zu leben, an unsere Grenzen zu gehen und gegebenenfalls über uns hinauszuwachsen.[1] Wenn aber nichts als Leere bleibt und wenn eine völlige Entfremdung von der sozialen Umwelt eintritt, dann wird auch

1 Moustakas, *Loneliness*.

das als existenzielle Einsamkeit aufgefasst.[2] Eine andere Bedeutung von Einsamkeit leitet sich aus der Annahme ab, dass Menschen als soziale Wesen auf Begegnungen und Bindungen emotional angewiesen sind. Die Evolutionspsychologie geht davon aus, dass starke Gruppenbindungen und gemeinsames Handeln eine ursprüngliche Grundvoraussetzung für das menschliche Überleben waren.[3] Wird ein solches universelles Grundbedürfnis nicht befriedigt, nehmen Menschen dies als einen schmerzhaften Mangel wahr, dem es schnellstmöglich abzuhelfen gilt. Wir suchen Kontakt, um diesen Mangelzustand zu beenden. Gefühle der Einsamkeit werden dann als emotionales Warnsignal verstanden, dass das Grundbedürfnis an sozialen Begegnungen und Bindungen nicht erfüllt ist und dass es Zeit wird, (wieder) in Kontakt mit anderen Menschen zu treten. Also greifen wir zum Telefon und rufen eine Freundin oder einen Freund an, machen einen Stadtbummel oder verabreden uns zu einem Kneipenabend oder Theaterbesuch. Gelingt es aber über eine längere Zeit nicht, dieses Gefühl des Kontaktmangels zu stillen, dann kann sich Einsamkeit chronifizieren. Eine Erweiterung dieses Einsamkeitsverständnisses findet sich in der bekannten Formel von Daniel Perlman und Letitia Anne Peplau aus dem Jahr 1981, die Einsamkeit als Nichterfüllung sozialer Erwartungen verstehen. Perlman und Peplau beschreiben Einsamkeit als »die unangenehme Erfahrung, die auftritt, wenn das Netz der sozialen

2 Vgl. hierzu und zum Folgenden Luhmann, *Definition und Formen der Einsamkeit*, S. 9 ff.

3 Baumeister/Leary, »The Need to Belong«; Cacioppo/Capitanio/Cacioppo, »Toward a Neurology of Loneliness«.

Beziehungen einer Person in irgendeiner wichtigen Weise, entweder quantitativ oder qualitativ, als defizitär erlebt wird«.[4] Einsamkeit wird hier als negative Erfahrung definiert, die sich klar zum wohltuenden Alleinsein und zum freiwilligen Rückzug in die Einsamkeit abgrenzen lässt, wie man sie beispielsweise bei spiritueller Einkehr sucht.[5] Zugleich erlebt die betreffende Person ihr soziales Netzwerk – sei es quantitativ oder qualitativ – als nicht ausreichend. Das heißt, der Mangel an sozialen Kontakten wird erst dann zum Problem, wenn der Wunsch nach (mehr) sozialem Kontakt mit den tatsächlichen Kontakten abgeglichen und als unzulänglich befunden wird. Von diesem eher quantitativen Ansatz – beispielsweise zu wenig Freundschaften, zu wenig Verbindung zu Verwandten – ist ein Verständnis von Einsamkeit zu unterscheiden, das auf die »geringe« Qualität an sozialen Beziehungen abstellt. Womöglich besteht eine feste Beziehung, Partnerschaft oder Ehe, eine scheinbar intakte Familie oder ein vorgeblich geselliger Freundeskreis. Doch die persönlichen und sozialen Binnenverhältnisse sind kalt, abwertend und nicht unterstützend, sodass Gefühle der Einsamkeit eben auch innerhalb von sozialen Beziehungen aufkommen können. Wie die Quantität und Qualität von Beziehungen eingeschätzt werden, hängt dabei von persönlichen Vorlieben (»lieber *eine* gute Freundin«) und von gesellschaftlichen Vorstellungen ab, was als sozial akzeptiertes Maß an Kontakten gilt (»Stubenhocker«). Dabei geht

4 Perlman/Peplau, »Social Psychology of Loneliness«.

5 Vgl. hierzu und zum Folgenden Neu, *Place Matters!*, S. 7 ff.; Neu/Müller, *Einsamkeit*, S. 9 f., 16 ff.; Neu/Küpper, »Einsamkeit, Feindseligkeit und Populismus«, S. 335 f.

es in der Kindheit, Jugend und Adoleszenz eher um die Größe des Freundeskreises oder die Anzahl der Follower. Im Lauf des Lebens nimmt dann aber der Wunsch nach qualitätsvollen Beziehungen zu.[6] So scheint die Qualität der sozialen Kontakte – etwa einer Freundschaft oder Paarbeziehung – für das Einsamkeitserleben entscheidender als die Quantität der Beziehungen zu sein.[7] Daher kann schon die (intime) Nähe zu einem Menschen den entscheidenden Unterschied machen.

Einsamkeit ist folglich ein subjektives Gefühl und zugleich ein sehr vielschichtiges Phänomen, das sich vor allem auch in Verbindung mit anderen Gefühlen entfaltet. So zeigt gerade der kulturelle Vergleich, dass Einsamkeit einerseits überall auf der Welt vorkommt und auch ähnlich erlebt wird.[8] Andererseits geht Einsamkeit aber auch mit weiteren Emotionen – wie Angst, Hoffnungslosigkeit oder Selbstabwertung – einher, sodass sie sehr unterschiedliche Ausprägungen haben kann. Daher ist es sinnvoll, Einsamkeit nach Beziehungsformen zu differenzieren: Menschen, die an emotionaler Einsamkeit (auch: intimer Einsamkeit) leiden, sehnen sich nach emotionaler Nähe, nach engen persönlichen Beziehungen wie einer romantischen Partnerschaft oder einer liebevollen Eltern-Kind-Beziehung. Soziale Einsamkeit (auch: relationale Einsamkeit) entsteht, wenn ein (größeres) soziales Netzwerk vermisst wird, etwa Freundinnen und Freunde oder eine Clique. Von kollek-

6 Qualter/Vanhalst/Harris/Van Roekel/Lodde/Bangee/Maes/Verhagen, »Loneliness across the Lifespan«.

7 Bücker, »Einsamkeit«, S. 5.

8 Vgl. hierzu und zum Folgenden Heu/Hansen/van Zomeren/Levy/Ivanova/Gangadhar/Radwan, »Loneliness across Cultures with Different Levels of Social Embeddedness«.

tiver Einsamkeit spricht man, wenn Menschen sich größeren gesellschaftlichen Gruppen, Vereinen, Religionsgemeinschaften oder der Gesellschaft insgesamt nicht (mehr) zugehörig fühlen, beispielweise weil sie sich sozial aufgrund von Alter oder Armut oder infrastrukturell aufgrund ihres peripheren Wohnorts oder mangelnder Daseinsvorsorge abgehängt sehen.

Die subjektive Emotion der Einsamkeit ist von der sozialen Isolation zu unterscheiden, die sich auf den messbaren und somit objektiven Grad der Vereinzelung bzw. des Ausschlusses aus der Gesellschaft bezieht. Soziale Isolation wird als Zustand geringsten sozialen Kontakts bzw. größter Distanz zu Mitmenschen verstanden.[9] Wer kennt sie nicht, die Eigenbrötler, die meinen, am besten allein zurechtzukommen und andere eher als Zumutung erleben? Die Mehrheit der Betroffenen wird soziale Isolation eher nicht als selbstgewählt empfinden. Soziale Isolation bestimmt sich also – anders als das subjektive Gefühl der Einsamkeit – nach objektiven Merkmalen, insbesondere der Funktionalität von Gemeinschaften und Netzwerken. Dabei geht es beispielsweise um die Zusammensetzung von Freundeskreisen oder die Häufigkeit des Kontakts zu Mitmenschen. Für den European Social Survey ist beispielsweise dann soziale Isolation gegeben, wenn die Befragten antworten, dass sie weniger als einmal im Monat persönlichen Kontakt zu Freundinnen und Freunden, Verwandten oder Arbeitskolleginnen und Arbeitskollegen unterhalten.[10]

9 Schobin/Haefner/Eulert, *Gesellschaftlicher Wandel und Einsamkeit*, für einen Überblick.

10 D'Hombres/Barjaková/Schnepf, »Loneliness and Social Isolation«, S. 5.

Alleinsein, soziale Isolation und Einsamkeit sind demnach begrifflich zu trennen. Sie beschreiben unterschiedliche soziale »Aggregatzustände«, die auch unterschiedlich bewertet werden. Das subjektive Gefühl der Einsamkeit und die realisierte Anzahl der sozialen Kontakte müssen sich keineswegs decken. Es gibt Menschen, die sozial integriert sind, sich aber – zum Beispiel in einer Beziehung – dennoch einsam fühlen: »Einsam bist du sehr alleine – und am schlimmsten ist die Einsamkeit zu zweit« (Erich Kästner).[11] Vice versa müssen Menschen, die sozial isoliert leben, keineswegs Einsamkeit erfahren. Doch selbst wenn man dies in Rechnung stellt, bleibt es bei zahlreichen Überschneidungen und Rückkopplungen zwischen dem subjektiven Gefühl der Einsamkeit und (mangelnden) gelebten Sozialkontakten. Insofern kann davon ausgegangen werden, dass sich Einsamkeit und soziale Isolation gegenseitig bedingen. Denn wir wissen, dass eine geringe Anzahl an sozialen Kontakten ein Prädiktor für Einsamkeit, also ein Merkmal ist, das auf Einsamkeit schließen lässt.[12]

Dies legt zugleich nahe, Einsamkeit nicht binär zu begreifen: Menschen sind also nicht schlicht einsam oder nichteinsam. Deshalb führt es auch nicht weiter, Einsamkeit als einen festgelegten Status von Personen zu begreifen oder sogar von einem feststehenden Menschentypus zu sprechen, also etwa dem »Einsamkeitsmensch« – quasi in Anlehnung an den »Ressentimentmensch«, dem wir im vierten Kapitel begegnen

11 Kästner, »Kleines Solo«, S. 179.

12 Hawkley/Bücker/Kaiser/Luhmann, »Loneliness from Young Adulthood to Old Age«.

werden. Vielmehr handelt es sich bei der Einsamkeit um einen Prozess, der sich über eine längere Zeit entwickeln und chronisch werden kann. Dann macht es Sinn, von einsamen Menschen zu sprechen. Um diesen verschiedenen Überschneidungen und Rückkopplungen zwischen Einsamkeit und sozialer Isolation im Leben von Menschen stärker Rechnung zu tragen, bietet sich der Begriff der »Vereinsamung« an. Vereinsamung beschreibt den Prozess einer sich verstetigenden sozialen Isolation, der von chronischen, intensiven und negativen Gefühlen des Mangels an affektiven Bindungen begleitet wird.[13] Auf dieser Grundlage kann – entsprechend der soeben vorgestellten Typologie der Einsamkeit – von emotionaler Vereinsamung im Sinn eines fortbestehenden Mangels an erfüllenden, engen und intimen Beziehungen und geselliger Vereinsamung im Sinne von dauerhaft fehlenden Kontakten im nahen Lebensumfeld gesprochen werden.

Deshalb lässt sich formelhaft festhalten: Einsamkeit ist das subjektive Gefühl eines Mangels an sozialen Beziehungen, das in Verbindung mit sozialer Isolation zur Vereinsamung führen kann.

## Strukturen der sozialen Isolation

Das Gefühl der Einsamkeit trifft viele Menschen in den unterschiedlichsten Lebensphasen: nach einem Umzug in eine neue Stadt, nach längerer Krankheit oder dem Verlust eines gelieb-

13 Vgl. hierzu und zum Folgenden Schobin, »Vereinsamung und Vertrauen«, S. 48 ff.; Neu, *Place Matters!*, S. 9, 11.

ten Menschen. Und doch sind die Risiken, von Einsamkeit heimgesucht zu werden, nicht gleich verteilt. Denn individuell erlebte Einsamkeitsgefühle und soziale Strukturen der Isolation können nicht getrennt voneinander betrachtet werden. Dies zeigt ein Blick auf die gesellschaftliche Verbreitung von Einsamkeit und die gesellschaftlichen Faktoren, die das Risiko erhöhen, zu vereinsamen.

Für die Beschreibung der Prävalenz – also der gesellschaftlichen Verbreitung – von Einsamkeit *lässt sich zwischen der Zeit vor und nach der Corona-Pandemie unterscheiden:* Vor der Corona-Pandemie gehörte Deutschland zu den europäischen Ländern mit einer geringen Zahl an Menschen, die angaben, (fast) immer unter Einsamkeit zu leiden. Nach Berechnungen des European Social Survey fühlten sich in insgesamt in Europa 9 % zu Beginn der 2010er Jahre häufig einsam. Dies traf auf rund 5 % der deutschen Befragten zu.[14] Allerdings sahen sich im gleichen Zeitraum deutlich mehr Menschen – nämlich 20 % der Europäerinnen und Europäer – sozial isoliert. Westeuropa zeigt hier mit 15 % etwas niedrigere Werte.[15] Auswertungen mit dem Sozio-ökonomischen Panel (SOEP) belegen für Deutschland etwas höhere Werte: In den Jahren 2013 und 2017 litten rund 10 % der Befragten oft oder sehr oft unter Einsamkeit, während 14 % der Befragten angeben, sich manchmal einsam zu fühlen.[16] Dies änderte sich grundlegend mit der Corona-Pandemie, in der sehr viele Menschen – vielleicht auch zum ersten Mal in ihrem Leben – das Gefühl überkam, einsam

14 D'Hombres/Barjaková/Schnepf, »Loneliness and Social Isolation«, S. 5.
15 Ebd., S. 7 f.
16 Entringer, *Epidemiologie von Einsamkeit in Deutschland*.

zu sein. Dies schlägt sich auch in den Daten des SOEP nieder: In der ersten und zweiten Pandemiewelle gaben 40–42 % der Befragten an, manchmal einsam zu sein.[17] Und auch wenn heute die Zeit der sozialen Isolation schon eine gute Weile her ist, mehren sich dennoch die Anzeichen, dass die Einsamkeitsprävalenz noch nicht wieder auf das Niveau vor Ausbruch der Pandemie zurückgegangen ist. In einer aktuellen Umfrage des Allensbach-Instituts gaben 26 % der Befragten an, sich manchmal einsam bzw. sehr allein zu fühlen.[18] Die aktuelle Mitte-Studie kommt zu einem ähnlichen Ergebnis: 19 % – mit dem strengeren SOEP-Messinstrument 13 % – der Studienteilnehmerinnen und -teilnehmer empfand öfter oder häufig Einsamkeit.[19] Nach dem Depressionsbarometer 2023 fühlt sich sogar jede vierte Person in Deutschland sehr einsam, jüngere Menschen noch ein bisschen mehr als ältere.[20] Zu ähnlichen Ergebnissen gelangte kürzlich auch die Studie »Einsamkeit unter Jugendlichen in Nordrhein-Westfalen nach der Pandemie«:[21] Je nach Geschlecht und Form der Einsamkeit liegt die Zahl der stark vereinsamten Jugendlichen und jungen Erwachsenen im Alter zwischen 16 und 20 Jahren in einer Bandbreite von 16,3 bis 18,5 %; und mehr als die Hälfte der Befragten leidet manchmal unter Einsamkeit (51–78 % je nach Merkmalsausprägung). Diese Ergebnisse sind keine Ausreißer. Bereits die eingangs erwähnte Studie *Extrem einsam?*

17 Ebd.

18 Petersen, »Weltlage schlecht, Gefühl trotzdem gut«.

19 Neu/Küpper, »Einsamkeit, Feindseligkeit und Populismus«, S. 338.

20 Deutsche Stiftung Depressionshilfe und Suizidprävention, *Einsamkeit und Depression*.

21 Luhmann/Bücker/Rüsberg, »Loneliness across Time and Space«.

weist darauf hin, dass 55% der repräsentativ befragten Jugendlichen und jungen Erwachsenen zwischen 16 und 23 Jahren mindestens manchmal die Gesellschaft anderer Menschen vermissen.[22] Die Zeit der Pubertät und Adoleszenz ist herausfordernd, die Frage nach der eigenen Identität verwirrend, die Partnersuche gelegentlich enttäuschend. Hinzu kommt in den vergangenen Jahren die große Belastung von Kindern und Jugendlichen durch die Unterbindung sozialer Kontakte während der Corona-Pandemie. Entgegen landläufiger Annahmen ist es also nicht primär die ältere Generation, die unter großer Einsamkeit leidet. Einsamkeit kann sich in jedem Alter manifestieren. Die Analyse von Louise Hawkley, Susanne Bücker, Till Kaiser und Maike Luhmann fand zudem keine Hinweise auf altersspezifische Prädiktoren für Einsamkeit.[23] Bereits im Jahr 2016 konnten Luhmann und Hawkley für Deutschland zeigen, dass Einsamkeit über die gesamte Lebensspanne keineswegs kontinuierlich ansteigt. Es lässt sich eher von einer nicht linearen Beziehung von Alter und Einsamkeit sprechen, die sich als wellenförmiger Verlauf darstellen lässt. Nach der juvenilen Einsamkeitsphase zeigt sich ein weiterer Peak in den mittleren Erwachsenenjahren. Sodann steigt erst nach dem 80. Lebensjahr die Einsamkeit wieder sehr deutlich an. Demensprechend scheinen für viele Menschen die Jahre um den 70. Geburtstag eine besonders aktive und glückliche Zeit

22 Neu/Küpper/Luhmann, *Extrem einsam?*

23 Hawkley/Bücker/Kaiser/Luhmann, »Loneliness from Young Adulthood to Old Age«; Huxhold/Tesch-Römer, »Einsamkeit steigt in der Corona-Pandemie bei Menschen im mittleren und hohen Erwachsenenalter gleichermaßen deutlich«, S. 3.

zu sein.[24] Damit stellt sich die zentrale Frage: Hat Einsamkeit in den letzten Jahren zugenommen? Nach dem Depressionsmonitor 2023 glauben 86 % der Befragten, dass die Menschen heute einsamer als noch vor zehn Jahren wären.[25] Empirische Analysen belegen dies jedoch nicht. In der bereits erwähnten Allensbach-Umfrage aus dem Jahr 2023 geben sogar etwas weniger Menschen als noch vor 50 Jahren an, einsam zu sein (1973: 29 %; 2023: 26 %).[26] Auch Bücker, Hawkley, Kaiser und Luhmann kommen im Jahr 2022 zu dem Ergebnis, dass sich für die Zeit vor der Corona-Pandemie allenfalls von einer leichten Zunahme der Einsamkeit über die vergangenen Jahrzehnte hinweg sprechen lässt.[27]

Für die Bestimmung der Risikofaktoren für Einsamkeit muss man sich – wie gesagt – zunächst der Erkenntnis stellen, dass Einsamkeit jeden Menschen ganz individuell und unmittelbar treffen kann. Sie kann – unabhängig vom Geschlecht[28] – in jeder Lebensphase auftreten. Aber zugleich lassen sich spezifische Risikofaktoren, unterscheiden, die zu Einsamkeit führen. Als nichtkausale und quasi »universelle« Risikofaktoren

24 Luhmann/Hawkley, »Age Differences in Loneliness from Late Adolescence to Oldest Old Age«; Hawkley/Bücker/Kaiser/Luhmann, »Loneliness from Young Adulthood to Old Age«, S. 9.

25 Deutsche Stiftung Depressionshilfe und Suizidprävention, *Einsamkeit und Depression*.

26 Petersen, »Weltlage schlecht, Gefühl trotzdem gut«.

27 Luhmann/Bücker/Rüsberg, »Loneliness across Time and Space«.

28 Einer internationalen Meta-Analyse zufolge, kann davon ausgegangen werden, dass das mittlere Ausmaß der Einsamkeit über die gesamte Lebensspanne bei Männern und Frauen ähnlich ist – vgl. Maes/Qualter/Vanhalst/Van den Noortgate/Goossens, »Gender Differences in Loneliness Across the Lifespan«.

für Einsamkeit sind Arbeitslosigkeit, Armut, Haushaltsgröße und Migrationshintergrund bekannt. Aber auch persönliche Eigenschaften – wie Schüchternheit, schlechte Gesundheit oder geringe soziale Kontaktfreudigkeit – können für Einsamkeit verantwortlich sein.[29] Oft wird das Gefühl der Einsamkeit durch kritische Lebensereignisse ausgelöst, wie beispielsweise den Tod eines geliebten Menschen, eine plötzlich auftretende schwere Krankheit oder die Kündigung des Arbeitsplatzes.[30] Ein kritisches Lebensereignis führt jedoch nicht zwangsläufig zu Vereinsamung. Viele Menschen finden einen Weg des Umgangs oder eine Stütze in ihrer Familie oder in ihrem Freundeskreis. Gleichwohl ist in der Forschung gut belegt, dass Menschen mit einer chronischen Erkrankung oder Behinderung, die wiederum häufig mit niedrigem Einkommen einhergehen, ein hohes Risiko der sozialen Isolation und Exklusion tragen.[31]

Neben diesen eher individuellen Risikofaktoren erhalten aktuell auch gesellschaftliche Gründe für Einsamkeitserleben und Isolationsprozesse größere öffentliche und wissenschaftliche Aufmerksamkeit. Allerdings steht die wissenschaftliche Forschung mit Blick auf makrostrukturelle Einsamkeitsfakto-

29 Hawkley/Bücker/Kaiser/Luhmann, »Loneliness from Young Adulthood to Old Age«; Bücker/Ebert/Götz/Entringer/Luhmann, »In a Lonely Place«; Heinrich/Gullone, »The Clinical Significance of Loneliness«; Hawkley/Hughes/Waite/Masi/Thisted/Cacioppo, »From Social Structural Factors to Perceptions of Relationship Quality and Loneliness«.

30 Bücker/Mund/Chwastek/Sostmann/Luhmann, »Is Loneliness in Emerging Adults Increasing over Time?«

31 Engels/Engel/Schmitz, *Zweiter Teilhabebericht der Bundesregierung über die Lebenslagen von Menschen mit Beeinträchtigungen*.

ren – wie demografischer und sozialer Wandel, Werte und Kulturen, Zeit und Raum – noch ganz am Anfang.[32] Welchen Einfluss soziale Wandlungsprozesse oder krisenhafte gesellschaftliche Umbrüche auf das Erleben von Einsamkeit haben, ist eigentlich erst seit der Corona-Pandemie Gegenstand intensiver wissenschaftlicher Untersuchung. Zudem lässt sich die Wirkrichtung der einzelnen gesellschaftlichen Entwicklungen nicht immer klar zuordnen: Die erhöhte Lebenserwartung beschert vielen Menschen zusätzliche Jahre mit einer Partnerin oder einem Partner, mit der Familie und Freunden. So steigt Einsamkeit insgesamt unter den Älteren auch nicht an, obwohl der Anteil der über sechzigjährigen Personen an der Bevölkerung in den vergangenen 50 Jahren von unter 20 % auf knapp 30 % der Gesamtbevölkerung angestiegen ist.[33] Ebenso ist die Zunahme der Ein-Personen-Haushalte nicht nur Folge einer gesellschaftlichen Individualisierung, die zu vermeintlich einsamen Singles führt, sondern auch Teil einer Pluralisierung der Lebensformen, die Phasen des Alleinlebens durchaus positiv bewertet. Zugleich muss der Anstieg der Zahl von alleinstehenden Menschen auch als ein Effekt des demografischen Wandels gesehen werden, der bei zunehmender Langlebigkeit und Hochaltrigkeit in der letzten Lebensphase eine Partnerin oder einen Partner allein zurücklässt. Alleinleben und Verwitwung können somit zweifelsohne Risikofaktoren für Einsamkeit sein. Immer wieder steht der Medienkonsum im Verdacht, Einsamkeit zu verstärken. Aber auch hier gilt: Einerseits ermöglicht die Nutzung sozialer Medien

32 Luhmann/Bücker/Rüsberg, »Loneliness across Time and Space«.

33 Petersen, »Weltlage schlecht, Gefühl trotzdem gut«.

eine schnelle und unkomplizierte Kontaktaufnahme, die soziale Isolation reduzieren kann. Andererseits birgt übermäßige Internetnutzung die Gefahr der sozialen Isolation und Vereinsamung. »Digitale Begegnungen oder Räume sind« – so Maike Luhmann – »immer dann ein Problem, wenn sie uns davon abhalten, uns auch im richtigen Leben zu treffen, wenn man denkt, das reicht schon. Das könnte besonders bei Jugendlichen ein Problem sein.«[34] Auf gesamtgesellschaftlicher Ebene dürften der Zusammenhang zwischen der Nutzung sozialer Medien und Einsamkeit allerdings eher schwach ausgeprägt sein.[35] Besondere Aufmerksamkeit erfährt in jüngster Zeit der Zusammenhang zwischen Raumstrukturen und Einsamkeit.[36] Dabei lösen nicht in erster Linie die immer wieder gerne bemühten Stadt-Land-Unterschiede Vereinsamung aus. Vielmehr sind wohl eher die Geschwindigkeit des sozialen Wandels und die schwere Erreichbarkeit von daseinsvorsorgenden Gütern und Dienstleistungen sowie von Freizeitangeboten für gesellschaftliche Vereinsamung ausschlaggebend. Doch auch hier verbietet sich eine monokausale Betrachtung. Nicht nur Räume können einsam machen, sondern einsame Menschen nehmen auch die sie umgebenden Räume anders als nichteinsame Menschen wahr. Hierauf wird im sechsten Kapitel noch ausführlich zurückzukommen sein.

34 Luhmann, »›Einsamkeit ist ein Spektrum‹«.
35 Luhmann/Bücker/Rüsberg, »Loneliness across Time and Space«.
36 Neu, *Place Matters!*; Neu/Küpper, »Einsamkeit, Feindseligkeit und Populismus«; Luhmann/Bücker/Rüsberg, »Loneliness across Time and Space«; Bücker/Mund/Chwastek/Sostmann/Luhmann, »Is Loneliness in Emerging Adults Increasing over Time?«.

## Folgen der gesellschaftlichen Vereinsamung

Einsamkeit bedeutet für die Betroffenen oft großes psychisches Leid, das sich über die Jahre hinweg auch in Depression[37] und körperlichen Beschwerden bis hin zu einer kürzeren Lebenserwartung niederschlagen kann. Lange standen vor allem die hohen gesundheitlichen Kosten im Vordergrund, die Einsamkeit und Isolation bei Millionen von Menschen auslösen.[38] Demgegenüber werden bisher die sozialen und politischen Kosten von Einsamkeit und Isolation – allen voran das demokratiegefährdende Potenzial der Einsamkeit – weit weniger beleuchtet. Was bewirkt Einsamkeit in einer demokratischen Gesellschaft? In welcher Beziehung stehen Einsamkeit und Demokratie? Und vor allem: Welche empirischen Belege finden wir für diesen Zusammenhang? Wenn man diese Fragen beantworten möchte, muss man vorab noch einmal unterstreichen: Einsamkeit führt keineswegs zwangsläufig zu antidemokratischen Haltungen. Doch es gilt, die Anzeichen von Vereinsamung, die mit Vertrauensverlusten in Menschen, Orte und Institutionen einhergehen können, in einer demokratischen Gesellschaft ernst zu nehmen. Dabei darf einerseits die Vereinsamung nicht unterschätzt, andererseits aber auch nicht vorschnell die »vereinsamte Gesellschaft« ausgerufen werden. Einsamkeit bedarf in jeder Hinsicht einer dif-

37 Im Deutschlandbarometer Depression gaben 53 Prozent der Befragten, die aktuell unter einer Depression leiden, an, sehr einsam zu sein – vgl. Deutsche Stiftung Depressionshilfe und Suizidprävention, *Einsamkeit und Depression*.

38 Bücker, »Einsamkeit«, S. 5; Fulton/Jupp, »Investing to Tackle Loneliness«, S. 10.

ferenzierten sozialen und politischen Betrachtung, um ihre Erscheinungsformen und Konsequenzen angemessen einordnen und entsprechende Lösungen anbieten zu können. Dabei stellt Einsamkeit nicht nur eine individuelle, sondern auch eine gesellschaftliche Herausforderung dar. Diese Herausforderung hängt unmittelbar mit der weiter gefassten sozialwissenschaftlichen und sozialpolitischen Frage zusammen, welche Anforderungen man an den sozialen Zusammenhalt in einer demokratischen Gesellschaft stellt, die sich im Augenblick in einem äußerst dynamischen Struktur- und Wertewandel befindet. Nicht nur die Folgen von Einsamkeit für den gesellschaftlichen Zusammenhalt, sondern auch die Konsequenzen der Einsamkeit für die Demokratie werden sehr unterschiedlich bewertet. Mit Blick auf das Verhältnis von Einsamkeit und Demokratie konkurrieren drei Thesen miteinander. Die erste These lautet, dass die Bürgerinnen und Bürger in einer Demokratie zwangsläufig vereinsamen. Die zweite These betont, dass die Einsamkeit in der Demokratie eine sehr wichtige Funktion erfüllt. Die dritte These behauptet, dass der Mensch aus der demokratischen Gesellschaft in die Einsamkeit fliehen muss, um seine Individualität zu retten.

## Einsame Gleichheit

Die erste These greift die Provokation von Alexis de Tocqueville auf, dass die Menschen in einer Demokratie zwangsläufig vereinsamen.

Diese düstere Diagnose findet sich im zweiten Band von Tocquevilles Werk »Über die Demokratie in Amerika« (1840).

Er könne sich – so Tocqueville[39] – vorstellen, unter welchen neuen Umständen der Despotismus in der Welt auftreten könnte. Denn er sehe in der Demokratie eine Menge einander ähnlicher und gleichgestellter Menschen, die sich rastlos im Kreis drehen, um sich kleine und gewöhnliche Vergnügungen zu schaffen, die ihr Gemüt ausfüllen. Dabei stehe jeder Mensch in seiner Vereinzelung dem Schicksal aller anderen fremd gegenüber. Seine Kinder und seine persönlichen Freunde seien für ihn das ganze Menschengeschlecht. Was die übrigen Mitbürger angehe, so stehe er neben ihnen, aber er sehe, berühre und fühle sie nicht. Er sei nur an sich und für sich allein vorhanden. Selbst wenn ihm noch seine Familie bleibe, müsse man dennoch festhalten, dass er kein Vaterland mehr habe.

Wenn man diese Analyse der amerikanischen Demokratie liest, drängt sich unwillkürlich die Frage auf: Ist die Demokratie eine politische Veranstaltung von »einsamen Herzen«[40]? Um diese Frage zu beantworten, muss man zunächst sehen, dass es Tocqueville primär um eine konservative Kritik des Individualismus in der demokratischen Gesellschaft geht.[41] Die Neuigkeit und Besonderheit der Demokratie liegt seiner Auffassung nach nicht in der Freiheit, sondern in der Gleichheit der Bürgerinnen und Bürger. Vor die Wahl gestellt – so meint Tocqueville – würden die Bürgerinnen und Bürger in

39 Tocqueville, *Über die Demokratie in Amerika*, 2. Band, S. 342.
40 Herb/Strömel, »Einsame Herzen«.
41 Vgl. hierzu und zum Folgenden Tocqueville, *Über die Demokratie in Amerika*, 2. Band, S. 109 ff., 145 ff.; umfassend auch Herb/Strömel, »Einsame Herzen«, S. 372 ff.

demokratischen Gesellschaften lieber auf die Freiheit als auf die Gleichheit verzichten. Doch auch diese demokratische Gleichheit verbindet die Bürgerinnen und Bürger nicht. Ganz im Gegenteil: Die Gleichheit distanziert die Menschen nach der Auffassung von Tocqueville voneinander und lässt zugleich ihre Herzen verkümmern, sodass sich kein gesellschaftlicher Zusammenhalt entfalten kann. Deshalb tritt neben die verkümmerte Freiheit, die nur um die ruhelose Befriedigung materialistischer Interessen und kleinlicher Vergnügungen kreist, nach dem Verständnis von Tocqueville die vereinsamende Gleichheit. Die Menschen begnügen sich mit einer Familie und einem engen Freundeskreis. Mit seiner Familie und seinen Freunden gründet sich der Bürger »eine kleine Gesellschaft für seinen Bedarf«, um »die große Gesellschaft gern sich selbst« zu überlassen.[42] So führt die Demokratie ihren Bürger »ständig auf sich allein zurück und droht ihn schließlich ganz und gar in der Einsamkeit seines eigenen Herzens einzuschließen«.[43] Für Tocqueville ist es folglich die Gleichheit, welche die Menschen voneinander isoliert, »ohne daß ein gemeinsames Band sie zusammenhält«.[44] In dieser vereinsamten und vereinzelten Gleichheit liegt seiner Meinung nach die despotische Gefahr, die durch demokratische Ordnungen begründet wird – denn Tocqueville fährt unmittelbar fort: »Die Gewaltherrschaft errichtet Schranken zwischen [den Menschen] und trennt sie. Sie ermuntert sie, nicht an ih-

42 Tocqueville, *Über die Demokratie in Amerika*, 2. Band, S. 113; vgl. auch ebd., S. 120.
43 Ebd., S. 115.
44 Ebd., S. 118.

resgleichen zu denken, und macht aus der Gleichgültigkeit eine Art öffentliche Tugend. Der Despotismus, der zu allen Zeiten gefährlich ist, ist also im demokratischen Zeitalter besonders zu fürchten.«[45]

Bei der Einordnung dieser düsteren Bewertung des Verhältnisses von Einsamkeit und Demokratie muss man differenzieren: Zunächst lässt sich festhalten, dass sie auf einem sehr spezifischen Verständnis von Freiheit und Gleichheit und von Individualismus beruht, das man keineswegs teilen muss. So geht beispielsweise das Grundgesetz davon aus, dass die individuelle Freiheit und Gleichheit die verfassungsrechtliche Grundlage dafür bilden, dass sich alle Bürgerinnen und Bürger selbst bestimmen, sich gesellschaftlich engagieren und sich demokratisch selbst regieren. Nichtsdestotrotz lassen sich gerade auf dieser stabilen verfassungsrechtlichen Grundlage die zwei pessimistischen Kritikpunkte, die Tocqueville aus dem Verhältnis von Einsamkeit und Demokratie folgert, durchaus als zentrale politische Herausforderungen begreifen: zum einen die Notwendigkeit, das Vertrauen in das »gemeinsame Band« zu stärken, das die Bürgerinnen und Bürger zusammenhält. Wir werden noch sehen, wie wichtig das Vertrauen in den gesellschaftlichen Zusammenhalt, in soziale Räume und öffentliche Güter ist, um Einsamkeit – und auch Ressentiments – zu begegnen. Zum anderen steht Tocquevilles Feststellung eines funktionalen Zusammenhangs zwischen individueller Vereinzelung, organisierter Gleichgültigkeit und despotischer Herrschaft in einer theoretischen Problemtradi-

45 Ebd.

tion, die sich auch in Hannah Arendts These der totalitären Herrschaft als organisierter Vereinzelung wiederaufgenommen findet. Wir werden auch darauf zurückkommen, wenn wir die Vertrauensverluste diskutieren, die durch die strukturelle Korrelation von Einsamkeit und Ressentiment für den gesellschaftlichen Zusammenhalt und für die demokratische Ordnung entstehen können.

## Recht auf Einsamkeit

Die zweite These zum Verhältnis von Einsamkeit und Demokratie misst der Einsamkeit eine wichtige freiheitssichernde Funktion in der demokratischen Gesellschaft zu.

Für diese These spricht, dass beispielsweise die englische Sprache zwischen »loneliness« – der unfreiwilligen Einsamkeit als einer sozialen Mangelerfahrung – und »solitude« – dem freiwilligen Alleinsein als einem sinnstiftenden Erlebnis – unterscheidet. Das Alleinsein wird als die »gute Einsamkeit«[46] verstanden. Wichtig ist aber auch in diesem Zusammenhang zunächst, dass man das Alleinsein als »gute« Einsamkeit nicht reflexhaft idealisiert. Daniel Schreiber zeigt sehr anschaulich, wie ambivalent sich auch das Alleinsein gestaltet.[47] Vor allem aber geht es beim Alleinsein nicht um eine Flucht *aus* der modernen und demokratischen Gesellschaft, sondern um einen

46 Nietzsche, *Jenseits von Gut und Böse*, S. 590 (§ 25); Simmank, *Einsamkeit*, S. 24 ff.; Svendsen, *Philosophie der Einsamkeit*, S. 179.

47 Schreiber, *Allein*, für eine ambivalente individuelle und gesellschaftliche Beschreibung.

(selbst-)bestimmten Standpunkt *in* der modernen und demokratischen Gesellschaft.

Diesen (selbst-)bestimmten Standpunkt hat Michel de Montaigne »entdeckt«.[48] Montaigne hatte sich nach dem Ende seiner politischen Karriere in seinem Turm zurückgezogen, um dort seine Essais zu schreiben.[49] Dabei war er weder einsam oder auch nur allein; und auch in seinem Essay »Über die Einsamkeit« wirbt er keineswegs für die soziale Isolation, sondern für die reflexive Behauptung des individuellen Selbstbewusstseins in einer gesellschaftlichen Umbruchszeit und gewalttätigen Bürgerkriegswelt.[50] Niemand, der die Essays von Montaigne liest, kann ernsthaft auf die Idee kommen, sie seien von einer einsamen Person geschrieben, die sich für das Alleinsein oder gar die Abgeschiedenheit entschieden hätte. Montaignes Einsamkeit ist »aufmerksame Passivität«[51]. In Montaignes Einsamkeit und in seinen Essays ist die gesamte Gesellschaft mit allen ihren Problemen, Facetten und Ideen, mit ihren Geschichten und ihrer Geschichte präsent. Es geht in dieser Einsamkeit also um die Erfahrung von individueller Freiheit und die soziale Selbstbehauptung der eigenen Person in der Gesellschaft. Dies kommt auch in Montaignes sozialer und politischer Anthropologie sehr anschaulich zum Ausdruck: »Es ist nichts so ungesellig und nichts so gesellig als der Mensch«.[52] Immanuel Kant wird dies auf die Formel

48 Montaigne, *Essais*, Erster Theil, S. 425 (I. Buch, 38. Hauptstück).

49 Vgl. hierzu und zum Folgenden Greffrath, *Montaigne heute*, S. 9 ff., 19 ff.

50 Montaigne, *Essais*, Zweiter Theil, S. 772 (III. Buch, 2. Hauptstück); S. 798 f. (III. Buch, 3. Hauptstück).

51 Greffrath, *Montaigne heute*, S. 112.

52 Montagine, *Essais*, Erster Theil, S. 427 (I. Buch, 38. Hauptstück).

der »ungeselligen Geselligkeit« des Menschen bringen.[53] Hier kommt schon begrifflich sehr deutlich zum Ausdruck, dass die »Ungeselligkeit« eben auf die »Geselligkeit« des Menschen bezogen bleibt. Es geht um die »ungesellige Geselligkeit« des Menschen, gerade weil eine »gesellige Ungeselligkeit« eben nicht möglich ist.

Diese »gute« Einsamkeit steht in einer Problemtradition, die man bis heute auf die Formel »Einsamkeit und Freiheit«[54] bringen kann. Allerdings darf man dabei eben nicht geflissentlich übersehen, dass es sich um »Einsamkeit und Freiheit« *in* der Gesellschaft und *in* der Demokratie handelt. Insofern ist für das Verständnis der »guten« Einsamkeit auch weniger Henry David Thoreaus Zivilisationsflucht in die Wildnis von Bedeutung[55] als vielmehr seine Streitschrift *Über die Pflicht zum Ungehorsam gegen den Staat* informativ. In dieser Streitschrift fordert Thoreau, dass der Staat die Eigenständigkeit des Individuums anerkennt, sodass alle freien Bürgerinnen und Bürger zur demokratischen Legitimation der Staatsgewalt beitragen können.[56] Diese Forderung steht in der soeben bereits angesprochenen Tradition von »Einsamkeit und Freiheit«. Sie formuliert den persönlichen »Einsamkeitsbedarf« in der Demokratie, mit dem auch eine entsprechende gesellschaftliche »Kultur der Einsamkeitsfähigkeit« einhergehen

53 Kant, *Idee zu einer allgemeinen Geschichte in weltbürgerlicher Absicht*, S. 37 (Vierter Satz).

54 Schelsky, *Einsamkeit und Freiheit*.

55 Thoreau, *Walden*; Safranski, *Einsam sein*, S 140 f.; Svendsen, *Philosophie der Einsamkeit*, S. 179.

56 Thoreau, *Über die Pflicht zum Ungehorsam gegen den Staat*, S. 96 f.; hierzu Safranski, *Einzeln Sein*, S. 140 ff.

muss.[57] Der amerikanische Verfassungsstaat hat diese Forderung nach freiheitssichernder Distanz noch im 19. Jahrhundert mit dem »right to be let alone«[58] – also dem Recht auf Privacy – anerkannt; und bis heute entfaltet dieses »Recht, allein gelassen« zu werden, in liberalen Gesellschafts- und Verfassungsordnungen seine freiheitssichernde und demokratische Funktion.

## Flucht in Einsamkeit (und Ressentiment)

Die dritte These zum Verhältnis von Einsamkeit und Demokratie geht davon aus, dass man vor der demokratischen Gesellschaft nur in die Einsamkeit flüchten kann, um sich selbst als Individuum zu finden und zu retten.

Auch diese These hat eine lange Tradition. Es geht um die welt-, gesellschafts- und demokratieverachtende Einsamkeit in Form einer Selbst-Stilisierung des Einsamen. Die Selbststilisierung existenzieller Einsamkeit bei Friedrich Nietzsche ist ein Beispiel dafür.[59] Doch den wohl spektakulärsten Fluchtversuch aus der Gesellschaft hat Jean-Jacques Rousseau unternommen. Auf der literarischen Ebene aus dem von ihm selbst formulierten totalen »Gesellschaftsvertrag«[60] in seine »einsa-

57 Marquard, »Plädoyer für Einsamkeitsfähigkeit«, S. 116 ff., 119 ff.

58 Warren/Brandeis, »The Right to Privacy«, S. 193; vgl. auch ebd., S. 195, 205.

59 Nietzsche, *Jenseits von Gut und Böse*, S. 590 (§ 25), S. 759 (§ 284); ders., *Morgenröte*, S. 1277 (§ 566).

60 Rousseau, *Vom Gesellschaftsvertrag*, S. 16 ff. (I, 6), 30 ff. (II, 3), 32 ff. (II, 4).

men Spaziergänge«.[61] Rüdiger Safranski bringt das Scheitern dieses Fluchtversuchs Rousseaus zwischen persönlicher Verfolgung und Verfolgungswahn auf den Punkt: Auch wenn man der Gesellschaft »den Rücken zukehrt, hält sie einen gefangen. Rousseau weiß nicht nur um die Unmöglichkeit, zu einem vorzivilisatorischen Zustand zurückzukehren, er weiß auch, dass er selbst ein besonders verfeinertes Produkt dieser Gesellschaft ist und so, ob er will oder nicht, in ihrer Schuld bleibt.«[62] Hier liegt der Grund, warum all die literarischen und insbesondere auch all die esoterischen und touristischen Fluchtversuche zunächst aus der modernen und sodann aus der demokratischen Gesellschaft ihre »Zwangseuphorie«[63] nicht verbergen können. Es gilt allenthalben das Motto: Wenn schon einsam, dann bitte auf offener Bühne, damit es auch alle sehen.[64] Diese Fluchtversuche aus der modernen und demokratischen Gesellschaft können aber auch sehr schnell in die Verachtung von Pluralismus und Demokratie umschlagen, um antidemokratischem Ressentiment und politischer Gewalt nachzugeben.

Diese ressentimentalen Kipppunkte sind auch empirisch belegbar. So antworten einsame Menschen auf Stresssituation feindseliger[65] und vertrauen Mitmenschen, Orten und

61 Rousseau, *Träumereien eines einsamen Spaziergängers*, passim, insbesondere S. 7.
62 Safranski, *Einzeln sein*, S. 73.
63 Hecht, *Die Einsamkeit des modernen Menschen*, S. 157, mit Blick auf Rousseaus »einsame Spaziergänge«.
64 In begrifflicher Anlehnung an Sloterdijk, *Der Denker auf der Bühne*.
65 Cacioppo/Cacioppo, »The Growing Problem of Loneliness«.

Institutionen weniger als nichteinsame Menschen.[66] Einsame gehen seltener zur Wahl und nutzen auch darüber hinaus die Möglichkeiten politischer Partizipation wenig.[67] Sie unterstützen weit häufiger populistische Kandidatinnen und Kandidaten und Parteien.[68] Einsame Menschen glauben häufiger Verschwörungserzählungen,[69] die sich »gegen die da oben« und »das System«, aber auch gegen die »Anderen«, gegen »Volksfeinde« richten und die oftmals antisemitische Züge tragen können.

Wir haben eingangs am Beispiel der Studie *Extrem einsam?* gesehen, dass bei einigen Jugendlichen diese Verbindung von Einsamkeit und Ressentiment bereits besteht. Dem Zusammenhang von Einsamkeit und antidemokratischen Haltungen wird erstmals bei Erwachsenen in der Studie »Die distanzierte Mitte« für die Bundesrepublik nachgegangen, die rechtsextreme und demokratiegefährdende Einstellungen in Deutschland in den Jahren 2022 und 2023 untersucht.[70] Die Mitte-Studie hat hinsichtlich des Verhältnisses von Einsamkeit, Feindseligkeit und Populismus in Deutschland festgestellt, dass einsame Bürgerinnen und Bürger[71] – im Vergleich zu Nicht-

66 Schobin, *Einsamkeit, Gesellschaft und Demokratie*; Neu/Küpper, »Einsamkeit, Feindseligkeit und Populismus«.

67 Langenkamp/Bienstman, »Populism and Layers of Social Belonging: Support of Populist Parties in Europe«.

68 Bender, »Frankly, We Did Win This Election«; Cox, »Could Social Alienation Among Some Trump Supporters Help Explain Why Polls Underestimated Trump Again?«.

69 Neu/Küpper/Luhmann, *Extrem einsam?*.

70 Zick/Küpper/Mokros, *Die distanzierte Mitte*.

71 In der Mitte-Studie wurde das Gefühl von Einsamkeit mit drei Aussagen (Items) aus einer gut geprüften Einsamkeitsskala erhoben

einsamen – weniger Vertrauen in die Demokratie haben, ganz konkret in staatliche Institutionen und den korrekten Ablauf von Wahlen (Einsame 61,5 % vs. Nichteinsame 77 %).[72] Dies spiegelt sich medial in einem ebenfalls niedrigeren Vertrauen in den öffentlich-rechtlichen Rundfunk (Einsame 57 % vs. Nichteinsame 70 %). Demgegenüber ist das Vertrauen, das einsame Menschen den sozialen Medien entgegenbringen, umso größer. Einsame Menschen fühlen sich – wiederum im Vergleich zu nichteinsamen Menschen – politisch weniger selbstwirksam. Sie haben also den Eindruck, sie würden politisch nicht gehört und seien politisch machtlos; und wir werden noch im Einzelnen sehen, dass dieses Gefühl der sozialen und politischen Ohnmacht der zentrale Grund dafür ist, dass Menschen Ressentiments entwickeln. Festzuhalten bleibt aber auch: Einsame Menschen trauen sich – wie nichteinsa-

(deutschsprachige Fassung der UCLA-Skala von Russell/Peplau/Cutrona, »The Revised UCLA Loneliness Scale«). Aus Platzgründen wurde im Fragebogen nur die emotionale Einsamkeit erhoben, die eng mit der sozialen und kollektiven Einsamkeit korreliert. Die Fragen (Wie oft haben Sie das Gefühl, 1. … dass Ihnen Gesellschaft fehlt? 2. … dass Sie ausgeschlossen sind? 3. … dass Sie isoliert von anderen Menschen sind?) wurden nur einer zufälligen, repräsentativen Hälfte der Befragten gestellt (n = 1.063). Die drei Aussagen zur Erfassung der emotionalen Einsamkeit waren zu einem Index Einsamkeit zusammengefasst. Für die weiteren Auswertungen wurden die Befragten in zwei Gruppen eingeteilt: in Einsame (Befragte, die sich überwiegend »öfter« oder sogar »häufig« einsam fühlen; Werte > 2,5 auf der 4-stufigen Antwortskala) und in Nichteinsame (Befragte, die sich »selten« oder »nie« einsam fühlen; Werte ≤ 2,5). Neu/Küpper, »Einsamkeit, Feindseligkeit und Populismus«, S. 338.

72 Vgl. hierzu und zum Folgenden Neu/Küpper, »Einsamkeit, Feindseligkeit und Populismus«, S. 349.

me Menschen – zu, politische Fragen und Probleme angemessen einzuschätzen. Sie halten auch keineswegs häufiger als nichteinsame Personen an einmal gefassten Meinungen fest. Doch einsame Menschen geben an, häufiger Gespräche zu vermeiden, um nicht in Konflikte und Streit zu geraten (Einsame 50 % vs. Nichteinsame: 18 %). Einsame Menschen glauben sehr viel mehr als nichteinsame Menschen, einer gesellschaftlichen Minderheit anzugehören. Nach den Erhebungen der Mitte-Studie besteht zwischen einsamen und nichteinsamen Bürgerinnen und Bürgern kein signifikanter Unterschied, was die Neigung zu Autoritarismus angeht (Einsame 67 % vs. Nichteinsame 56 %). Allerdings neigen einsame Bürgerinnen und Bürger signifikant häufiger zur Unterstützung populistischer Positionen (Einsame 52 % vs. Nichteinsame 28 %) und zum Glauben an Verschwörungsmythen (Einsame 48,5 % vs. Nichteinsame 34 %). Auch die Neigung von einsamen Menschen zu rechten, völkischen und autoritären Einstellungen (Einsame 37 % vs. Nichteinsame 14 %), die Billigung von Gewalt (Einsame 25 % vs. Nichteinsame 6 %) und die Zustimmung zu rechtsextremen Meinungen (Einsame 18 % vs. Nichteinsame 4 %) fällt höher als bei nichteinsamen Bürgerinnen und Bürgern aus.

Das empirische Bild der Konsequenzen von Vereinsamung für den gesellschaftlichen Zusammenhalt und die demokratische Ordnung wäre unvollständig, wenn es sich ausschließlich auf die Frage des Vertrauens in demokratische Institutionen konzentrieren würde. Vielmehr ist es notwendig, auch die Folgen von Diskriminierungserfahrungen für die Entwicklung von Einsamkeit und Ressentiments in einer demokratischen Gesellschafts- und Verfassungsordnung in den Blick zu nehmen. Der Grund dafür liegt auf der Hand: Die gegenseitige Anerkennung der Bürgerinnen und Bürger als frei und gleich bildet die Grundlage jeder engagierten Zivilgesellschaft und lebendigen Demokratie. Deshalb stellt Diskriminierung durch die Förderung und Verfestigung von Einsamkeit und Ressentiment das Fundament von jeder Zivilgesellschaft und Demokratie infrage. Diese Korrelation von Diskriminierung, Einsamkeit und Ressentiment wird ebenfalls durch die Mitte-Studie belegt:[73] Einsame Personen geben – im Vergleich zu nichteinsamen Personen – weitaus häufiger an, aufgrund von Merkmalen diskriminiert worden zu sein, mit denen sie sich selbst identifizieren oder die ihnen gesellschaftlich zugeschrieben werden (68 % Einsame vs. 23,5 % Nichteinsame). Einsame Personen sehen sich auch im Vergleich zu nichteinsamen Personen häufiger als Opfer von Diskriminierung (40 % Einsame vs. 9 % Nichteinsame). Rassistische Diskriminierung und Diskriminierung aufgrund von Alter, Behinderung, Religion, Geschlecht und sexueller Orientierung führen zur Einsamkeit der diskriminierten Personen, die sich sozial isoliert und exkludiert fühlen. Diskriminierung schränkt das individuelle und soziale Leben ein. Deshalb fühlen sich Menschen, die sich diskriminiert sehen, beispielsweise signifikant häufiger an öffentlichen Orten unwohl. Mit Einsamkeit geht in vielen Fällen Scham und Stigmatisierung einher.[74] Aus diesem Grund

73 Vgl. hierzu und zum Folgenden Neu/Küpper, »Einsamkeit, Feindseligkeit und Populismus«, S. 346 ff.

74 Neu, *Place Matters!*, S. 9 f.; Svendsen, *Philosophie der Einsamkeit*, S. 14, 214 ff.

stellt sich auch die – noch offene – Frage, ob Einsamkeit »nur« eine Folge von Diskriminierung oder nicht vielmehr einen eigenständigen Diskriminierungsgrund darstellt, dem in Gesellschaft und Verfassungsrecht mehr Beachtung geschenkt werden muss.[75] Zugleich gestaltet sich jedoch das Verhältnis von Einsamkeit und Ressentiment mit Blick auf Diskriminierung äußert ambivalent, wenn die Mitte-Studie festhält: »Die einsamen Befragten sehen sich jedoch nicht nur häufiger selbst Diskriminierungen ausgesetzt, sondern neigen ihrerseits signifikant und deutlich eher zur Abwertung anderer sozialer Gruppen. Besonders ausgeprägt sind die höheren Zustimmungswerte der Einsamen im Vergleich zu den Nichteinsamen beim Antisemitismus und Hetero-/Sexismus. Einsamkeit macht also nicht nur vulnerabel, sondern kann auch dazu führen, das eigene Selbst durch die Abwertung anderer Menschen zu stabilisieren und aufzuwerten.«[76] In der für die Mitte-Studie durchgeführten Befragung zeigen einsame Menschen auf einer fünfstufigen Antwort-Skala[77] deutlich höhere (Mittel-)Werte bei Rassismus, Antisemitismus, Klassismus

75 Schobin, *Einsamkeit, Gesellschaft und Demokratie*, S. 36 f.

76 Neu/Küpper, »Einsamkeit, Feindseligkeit und Populismus«, S. 347; vgl. auch ebd., S. 352.

77 Menschenfeindliche Einstellungen wurden gemessen, indem die entsprechenden Aussagen den Befragten vorgelesen und diese dann gebeten wurden anzugeben, ob sie (1) »überhaupt nicht zustimmen«, (2) »eher nicht zustimmen«, (3) »teils/teils«, (4) »eher zustimmen« oder (5) »voll und ganz zustimmen«. Die Antwortkategorien »stimme eher zu« und »stimme voll und ganz zu« werden in der Regel zusammen als Zustimmung berichtet. Je höher der Wert, desto größer die Zustimmung zu der jeweiligen Abwertungsdimension bzw. desto stärker werden etwa gleichgeschlechtliche Beziehungen abgelehnt.

und Hetero-/Sexismus – also dem Glauben an eine »natürliche« Geschlechterordnung.[78] Dabei ist die Zustimmung zu Rassismus und Klassismus – hier die Abwertung von Langzeitarbeits- und Obdachlosen – sowohl bei den einsamen wie nichteinsamen Personen besonders ausgeprägt. Allerdings ergaben sich bei Antisemitismus und Hetero-/Sexismus deutliche Unterschiede in der Befragung von einsamen und nichteinsamen Menschen: Der mittlere Wert zur Abwertung von Jüdinnen und Juden liegt bei einsamen Personen bei 2,5 und bei nichteinsamen Personen niedriger bei 1,86. Im Fall des Hetero-/Sexismus fällt der Unterschied nicht ganz so groß, aber dennoch deutlich aus (Mittelwert 2,34 bei Einsamen vs. einen Mittelwert von 1,85 bei Nichteinsamen). Diese Verbindung von Einsamkeit und Ressentiment kann wiederum einsame Menschen dazu veranlassen, extremistische Angebote der politischen Vergemeinschaftung anzunehmen, die sich über die Diskriminierung von Menschen und Gruppen definieren.

Darauf setzen (rechts-)populistische Politikerinnen und Politiker sowie (rechts-)extremistische Parteien. Auf diese Weise findet die politische Verbindung von Einsamkeit und Ressentiment ideologischen Anschluss an die Repräsentanten reaktionären Denkens, die sich in einer einsamen Opposition zur Moderne und Demokratie stilisieren. Beispielsweise an den mit antidemokratischen und reaktionären Ressentiments geladenen Ernst Jünger, der auf seinen »subtilen Jagden« antidemokratischen Denkens den einsamen »Waldgang« dem

78 Vgl. hierzu und zum Folgenden Neu/Küpper, »Einsamkeit, Feindseligkeit und Populismus«, S. 348.

demokratischen Wahlgang vorzieht.[79] Noch ressentimentaler und radikaler fällt die selbstgefällige und selbstmitleidige Selbststilisierung des nationalsozialistischen Staatsdenkers Carl Schmitt als »einsamer Seher« in seinem Plettenberger »Exil« aus.[80] Von hier aus setzt Schmitt seinen publizistischen Kampf gegen die liberale und pluralistische Demokratie der Bundesrepublik fort, den er in der Weimarer Republik begonnen und in der nationalsozialistischen Diktatur und Gewaltherrschaft bereits praktiziert hatte. Schmitt liefert die theoretischen Versatzstücke für eine ressentimentale Demokratietheorie, die ihre destruktive Wirkung bis heute entfaltet: Demokratie ist die homogene »Identität von Herrscher und Beherrschten, Regierenden und Regierten, Befehlenden und Gehorchenden«[81]. Damit gehört für Schmitt zur Demokratie »notwendig erstens Homogenität und zweitens – nötigenfalls – die Ausscheidung und Vernichtung des Heterogenen«.[82] Soziale Isolierung und soziale Exklusion werden hier zu einer Machtechnik des radikalisierten Ressentiments, dessen Methoden Schmitt in seiner »Verfassungslehre« (1928) bis ins Detail aufzählt: »Trennung«, »Assimilierung«, »Beseitigung des fremden Bestandteils durch Unterdrückung«, »Aussiedlung der heterogenen Bevölkerung«, »Kontrolle fremden Zugangs«, »Methoden der Beherrschung von Ländern mit heterogener Bevölkerung«, »Gesetze gegen Überfremdung«,

79 Jünger, *Der Waldgang*, S. 284 ff.
80 Schmitt, *Ex Captivitate Salus*; ders., *Glossarium*.
81 Schmitt, *Verfassungslehre*, S. 234; vgl. ferner ebd., S. S. 223.
82 Schmitt, *Die geistesgeschichtliche Lage des heutigen Parlamentarismus*, S. 14.

»neue Praxis des Staatsangehörigkeitsrechts, Möglichkeit der Expatriierung, Denaturalisierung usw«.[83] Von Schmitt und all den anderen »einsamen« und elitären »Wächtern und Sprengmeistern«[84] konnte und kann die liberale und pluralistische Demokratie allein ressentimentgeladene Polemik, Freund-Feind-Erklärungen und Gewalt erwarten. Dies zeigt sich in den aktuellen Debatten des deutschen Nationalpopulismus und Rechtsradikalismus, der unter dem Stichwort der »Remigration« den antidemokratischen »Bürgerverrat«[85] und menschenwürdewidrige Deportationen plant.

83 Schmitt, *Verfassungslehre*, S. 232 f.
84 Strauß, *Die Expedition zu den Wächtern und Sprengmeistern*.
85 Vgl. zum Begriff Böckenförde, »Die Verfolgung der deutschen Juden als Bürgerverrat«.

# IV Ressentiment

Ressentiment ist ein subjektives Gefühl der sozialen Ohnmacht, das, vermittelt über den Wunsch, die erlittene Kränkung durch Selbstbehauptung auf Kosten anderer ungeschehen zu machen, zur Zerstörung des gesellschaftlichen Zusammenhalts und der demokratischen Ordnung beiträgt.

## Emotion des Ressentiments

Die Emotion des Ressentiments ist ein destruktives Gefühl, das sich aus erfahrenen persönlichen Kränkungen und Zurücksetzungen speist. Die so emotional verletzte Person erlebt einen Zustand von sozialer oder politischer Ohnmacht, die sich nicht positiv wenden lässt und auch nicht positiv wenden lassen soll. Die ressentimentgeladene Person frisst die Kränkung ohnmächtig in sich hinein. Zugleich beginnt sie ihren Groll, Zorn und Hass, ihre Vorurteile und Gewaltfantasien, ihre Rachegelüste und Zerstörungswut auf ganze Lebensbereiche auszudehnen und schließlich auf die ganze Gesellschaft zu übertragen. Ganz in diesem Sinn hat wiederum Michel de Montaigne als einer der Ersten die Ursachen und Wirkungen des Ressentiments in der (entstehenden) modernen Gesellschaft mit dem Gedanken einer nachwirkenden

Ohnmacht beschrieben, die sich an den falschen Gegenständen abreagiert, also an Personen oder Institutionen, die nicht für die Kränkung verantwortlich sind.[1] Dies verdeutlicht, warum Ressentiments eine so große emotionale und soziale Herausforderung für die betroffene Person und ihr persönliches Umfeld, aber auch für den gesellschaftlichen Zusammenhalt und die demokratische Ordnung darstellen.

Um sich dieser ressentimentalen Herausforderung individuell, sozial und demokratisch konstruktiv annehmen zu können, kommt es ganz entscheidend darauf an, wie man das Ressentiment als Emotion konzeptionell fasst. Gerade weil Ressentiments so starke, so dynamische und so destruktive Gefühle sind, besteht die Gefahr, ihr Verständnis individuell, sozial und politisch zu überspitzen. In diesem Fall bleibt dann nur noch, die kulturpessimistische Anatomie ressentimentaler Destruktivität wissenschaftlich zu analysieren und ihr »Werk der Negativität«[2] sozialpolitisch zu akzeptieren. Dadurch verliert man aber die Möglichkeit, gesellschaftlich und demokratisch dem Ressentiment etwas entgegenzusetzen. Eine solche Überspitzung findet jedoch statt, wenn ein weit verbreiteter Ansatz in der Ressentimentforschung zwei ganz entscheidende konzeptionelle Weichenstellungen vornimmt. Die erste besteht darin, dass das Ressentiment zu einem existenzialistischen individuellen, sozialen und kollektiven Gefühl stilisiert wird. Die zweite konzeptionelle Wei-

1 Montaigne, *Essais*, Erster Theil, S. 31 ff. (I. Buch, 4. Hauptstück), Zweiter Theil (II. Buch, 27. Hauptstück); hierzu Probst, »Ressentiment«; Fleury, *Hier liegt Bitterkeit begraben*, S. 112 f.

2 In Anlehnung an Honneth, »Das Werk der Negativität«.

chenstellung erfolgt, wenn man dieses existenzialistische Verständnis des Ressentiments als ontologischen Typus des »Ressentimentmenschen«[3] auffasst: Mensch und Ressentiment werden vollständig miteinander identifiziert. Aus diesem Grund ist eine differenzierende Kritik der existenzialistischen Überspitzung ontologischer Typenbildung gerade mit Blick auf den »Ressentimentmenschen« notwendig, weil diese holistische und ontologische Typisierung von Menschen, die unter Ressentiments leiden, immer noch den wissenschaftlichen und politischen Diskurs beherrscht. Zugleich vermittelt diese kritische Auseinandersetzung mit der existenzialistisch aufgeladenen Typisierung des »Ressentimentmenschen« aber auch durchaus Einblicke in die Entstehung und Wirkung von Ressentiments, die für einen konstruktiven Umgang mit diesem extrem destruktiven Gefühl sehr nützlich sind.

Die existenzialistische Überspitzung des Ressentiments auf einen Menschentypus wird in den aktuellen Diskussionen immer wieder auf Friedrich Nietzsche zurückgeführt. Nietzsche skizziert in seiner Streitschrift *Zur Genealogie der Moral* (1887) den ressentimentbeherrschten Menschentypus als Ausdruck seiner Unterscheidung von Herren- und Sklavenmoral. »Der Sklavenaufstand in der Moral« beginnt nach Nietzsche damit, »daß das Ressentiment selbst schöpferisch wird und Werte gebiert: das Ressentiment solcher Wesen, denen die eigentliche Reaktion, die der Tat, versagt ist, die sich nur durch eine imaginäre Rache schadlos halten«. Wäh-

3 Scheler, *Das Ressentiment im Aufbau der Moralen*, S. 23 und öfter.

rend alle »vornehme Moral« sich triumphierend selbst bejahe, sage »die Sklaven-Moral von vornherein Nein zu einem ›Außerhalb‹, zu einem ›Anders‹, zu einem ›Nicht-Selbst‹; und dies Nein ist ihre schöpferische Tat.«[4]

In Anknüpfung und gleichzeitiger Abgrenzung von dieser existenzialistischen Begriffs- und Typenbildung Nietzsches konturiert Max Scheler in seiner Monografie *Das Ressentiment im Aufbau der Moralen* (1912) eine »Phänomenologie und Soziologie des Ressentiment«.[5] Scheler entwickelt das typologische Konzept des »Ressentimentmenschen«, der sich emotional selbst vergiftet. »Ressentimentmenschen« zeichnen sich nach Scheler dadurch aus, dass sie eine persönliche Kränkung oder soziale Herabsetzung nicht gegenüber ihrer Verursacherin oder ihrem Verursacher zurückweisen (können). »Ressentimentmenschen« nehmen die persönliche Kränkung vielmehr ohnmächtig hin. Der Grund dafür sind persönliche Autoritäts- oder gesellschaftliche Machtstrukturen. Dem »Ressentimentmenschen« ist – in den soeben zitierten Worten Nietzsches – »die eigentliche Reaktion, die der Tat, versagt«. Diese ohnmächtige Triebunterdrückung führt dazu, dass der »Ressentimentmensch« das Gefühl seiner Erniedrigung emotional immer wieder durchlebt. Er gräbt diesen feindseligen Affekt in sich ein. So verbittert und vergiftet er sich selbst. Die konkreten Ursachen, die zu einer solchen ressentimentalen Selbstvergiftung führen, sind nach Scheler historisch relativ. Zugleich weist Scheler aber auch auf den

4 Nietzsche, *Zur Genealogie der Moral*, S. 782 (I/10).

5 Vgl. hierzu und zum Folgenden Scheler, *Das Ressentiment im Aufbau der Moralen*, S. 3 ff.

Gesichtspunkt hin, der für das Verständnis des Verhältnisses von Ressentiment und Demokratie von ganz entscheidender Bedeutung ist: Die Stärke des Ressentiments hängt von der normativen »Struktur der Sozietät« ab, in der Menschen leben. »Soziologisch folgt hieraus« – so Scheler – »der wichtige Satz, daß sich umso größere Mengen seelischen Dynamites bilden werden, je größer die Differenz ist zwischen der politisch-verfassungsmäßigen oder der ›Sitte‹ entsprechenden Rechtsstellung und der öffentlichen Geltung der Gruppen – und ihren faktischen Machtverhältnissen«[6] ist. Diese Je-Desto-Formel bildet die Grundlage für ein zentrales Paradigma, das die Ressentimentforschung mit Blick auf das Verhältnis von Ressentiment, Gleichheit und Demokratie bis heute prägt. Scheler spricht dieses Paradigma auch ausdrücklich an, wenn er betont: »In einer nicht nur politischen, sondern auch sozialen, auf Besitzgleichheit tendierenden Demokratie wäre zumindest das soziale Ressentiment gering.«[7] Umgekehrt hält er aber auch fest: »Die äußerste Ladung von Ressentiments muß demnach eine Gesellschaft besitzen, in der, wie in der unsrigen, ungefähr gleiche politische und sonstige Rechte resp. öffentlich anerkannte, formale soziale Gleichberechtigung mit sehr großen Differenzen der faktischen Macht, des faktischen Besitzes und der faktischen Bildung Hand in Hand gehen: In der jeder das ›Recht‹ hat, sich mit jedem zu vergleichen, und sich doch ›faktisch nicht vergleichen kann‹.«[8] Damit sind die entscheidenden Fragen gestellt: Gehört das

6 Ebd., S. 9.
7 Ebd.
8 Ebd.

Ressentiment zum notwendigen Gefühlshaushalt demokratischer Bürgerinnen und Bürger? Muss es nicht zwingend sein »seelisches Dynamit« entfalten, je demokratischer Gesellschaften werden? Sprengen sich also demokratische Ordnungen am Ende ihrer Entwicklung zwangsläufig emotional selbst in die Luft? Wir werden sogleich auf diese Fragen zurückkommen, wenn wir die Folgen des Ressentiments diskutieren: das Potenzial zur Spaltung demokratischer Gesellschaften.

Mit Blick auf den Begriff des Ressentiments bleibt jedoch zunächst festzuhalten, dass die normative und die faktische Verfassungsstruktur einer Gesellschaft von ganz zentraler Bedeutung für die Frage nach der Explosivität des »seelischen Dynamits« in Form von Groll, Zorn und Hass, vor allem aber von Rachegefühlen und Racheimpulsen ist. Wie sich diese explosive Entfaltung vollzieht, wird nach der Auffassung von Scheler durch fünf Merkmale des Ressentiments bestimmt, die sich begrifflich als Projektionsausweitung, Realitätsverschiebung, Werttäuschung, Opferambivalenz und Ansteckungsgefahr des Ressentiments verallgemeinernd fassen lassen. Ressentiments führen – erstens – zu einer generalisierenden Projektionsausweitung: Sie dehnen sich – aufgrund ihrer normativ strukturellen Anlage – regelmäßig von ihrer ganz konkreten Ursache verallgemeinernd aus: von der Person, die die Kränkung zugefügt hat, auf die soziale Gruppe, der diese Person angehört, und von der Struktur, welche für die Kränkung verantwortlich ist, auf deren ganzen Lebensbereich. Bei der Projektionsausweitung handelt es sich also um ein emotionales Eskalationsgeschehen, an dessen Schluss die ressentimentgeladene Person die gesamte Gesellschaft für ihre Kränkung verantwortlich macht.[9] Ressentiments führen – zweitens – zu einer Realitätsverschiebung: Menschen, die unter Ressentiments leiden, nehmen die gesellschaftliche Realität ausschließlich aus der Perspektive ihrer emotionalen Kränkung wahr. Dies resultiert in einer »Verfälschung des sachlichen Weltbildes«[10], also in einer gekränkten Realitätswahrnehmung. Ressentiments sind – drittens – mit einer Werttäuschung verbunden: Ressentimentgeladene Menschen verstehen auch die gesellschaftliche Wertordnung allein aus der Perspektive ihrer persönlichen Kränkung. In diesem Zusammenhang betont Scheler, dass das ressentimentale »Fälschen der Werttafeln«[11] einer Gesellschaft keineswegs mit bewusster Lüge gleichgesetzt oder verwechselt werden darf. Er spricht insofern von einer »organischen Verlogenheit«[12] des ressentimentalen Weltbildes. Dies bedeutet, dass die ressentimentale Vernunft in ihrer eigenen Realität lebt und ihrer eigenen wertbezogenen Rationalität folgt. Ressentiments kommen – viertens – in einem ambivalenten Opferdiskurs zum Ausdruck. Scheler unterstreicht ausdrücklich, dass jedem ressentimentalen Racheimpuls »ein Angriff oder eine Verletzung vorangegangen sein«[13] muss. Diese ohnmächtige Kränkung wird immer wieder neu durchlebt, was in einen zwiespältigen Opferdiskurs führt: Menschen, die Ressentiments

9 Ebd., S. 27.
10 Ebd., S. 31.
11 Ebd., S. 33.
12 Ebd.
13 Ebd., S. 5.

entwickeln, sind tatsächlich Opfer eines (wahrgenommenen) Angriffs und einer Verletzung geworden. Sie glauben deshalb einen Anspruch auf die Kompensation dieser Kränkung zu haben. Bleibt diese Kompensation aus, kann sich die Viktimisierung zu einer traumatischen Selbstviktimisierung steigern, indem die betroffene Person »die ablehnenden, feindseligen Affekte in sich eingräbt«[14] und sich moralisch selbst vergiftet.[15] Es besteht aber auch die Möglichkeit, dass die betroffene Person wiederum ihre eigene Machtposition nutzt, um ihren Groll, ihren Zorn und ihren Hass an vollkommen unbeteiligten Personen auszulassen, die auf diese Weise wiederum selbst zu einem Opfer werden. So können sich Ressentiments in dynamischen »Opferspiralen« entfalten. Dies erklärt zugleich, warum in ressentimentgeladenen Gesellschaften der »Opferdiskurs« eine so zentrale soziale und politische Rolle einnimmt. Schließlich begründen Ressentiments – fünftens – eine individuelle und gesellschaftliche »Ansteckungsgefahr«. Scheler spricht vom Ressentiment als einem »ungemein kontagiöse[n] Gift«[16], das in einen sozial und politisch ansteckenden Teufelskreislauf der »seelischen Selbstvergiftung«[17] einer ganzen Gesellschaft übergeht: Einzelne Personen, aber auch soziale und politische Gruppen, begegnen sich mit »Ressentiment und Gegenressentiment«[18]. Auf diese

14 Ebd., S. 7.

15 Ebd., S. 19, 24; Fleury, *Hier liegt Bitterkeit begraben*, S. 26: »Opferwahn«, S. 54: »Moral des sich selbst genießenden Ungenügens«; Illouz, *Undemokratische Emotionen*, S. 208.

16 Scheler, *Das Ressentiment im Aufbau der Moralen*, S. 7.

17 Ebd., S. 4.

18 Körner, »Ressentiments und Gegenressentiments«.

Weise kann der ressentimentale »Wille zum Feind«[19] über die existenzialistische »Unterscheidung von Freund und Feind«[20] (Carl Schmitt) unmittelbar in ein eliminatorisches Gesellschafts- und Politikverständnis münden.[21]

Wenn man Max Schelers Phänomenologie und Soziologie des Ressentiments heute liest, kommt man kaum umhin festzustellen, dass sie – vor allem in ihren Beispielen und Anschauungsfällen – selbst ressentimentgeladen ist.[22] Darüber hinaus stellt – wie bereits angedeutet – die vollkommen überschießende Negativität ein Problem dar, das von der existenzialistisch aufgeladenen Typisierung des »Ressentimentmenschen« auf die gesamte Gesellschaft ausstrahlt. Diese ontologische Typisierung ist dafür verantwortlich, dass der »Ressentimentmensch« schlicht keinen Weg zurück in eine demokratische Gesellschaft mehr finden kann. Deshalb kann man auch dem Plädoyer von Robert Müller nur zustimmen, Ressentiments als gesellschaftliche Herausforderung zwar sehr ernst zu nehmen, sie aber gerade deshalb auch in ihren individuellen, sozialen und politischen Voraussetzungen und Folgen differenziert zu betrachten:[23] mit Blick auf unterschiedliche Entwicklungsstadien und prozesshafte Ausprägungen des Ressentiments, die schon in jeder Aufzählung ressentimentaler Ge-

19 Olschanski, *Der Wille zum Feind*, S. 157 ff., insbesondere S. 166 ff.

20 Schmitt, *Der Begriff des Politischen*, S. 26.

21 Olschanski, *Ressentiment*, S. 21 ff., zum »Dual des Ressentiments«; Müller, *Ressentiment*, S. 54 ff., 63 ff.

22 Vogl, *Kapital und Ressentiment*, S. 160; Fleury, *Hier liegt Bitterkeit begraben*, S. 41: »Schelers etwas ranziger Konservativismus«.

23 Vgl. hierzu und zum Folgenden Müller, *Ressentiment*, S. 139 ff., insbesondere S. 148, 155.

fühle von Groll, Zorn und Hass sowie in Form von Vorurteilen, Gewaltfantasien, Rachegelüsten und Zerstörungswut zum Ausdruck kommen; mit Blick auf unterschiedliche Lebensalter und soziale Lebensbedingungen von Menschen, in denen sich Ressentiments entwickeln; mit Blick auf eine Konkurrenz von starken Gefühlen, wobei Mitmenschlichkeit, Solidarität und Liebe in einen konstruktiven Gegensatz zur destruktiven Negativität treten können, die von Ressentiments ausgehen; und insbesondere mit Blick auf die individuelle und soziale Reversibilität von ressentimentalen Entwicklungen, die in der scheinbar unausweichlich pathologischen Typisierung des »Ressentimentmenschen« zu wenig Beachtung finden. Müller bringt diese soziologische Werbung für eine differenzierte Einordung des Ressentiments auf die treffende Formel: »*Der* Ressentimentmensch ist ein eher seltenes Exemplar.«[24] Diese Differenzierung bedeutet keineswegs, die gesellschaftliche und demokratische Destruktivität von Ressentiments zu unterschätzen. Die soziologische Differenzierung ist die Voraussetzung für die Entwicklung von politischen Handlungsstrategien, die auf einen möglichst konstruktiven Umgang mit Ressentiments zielen. Dies trifft sich auch mit der bereits eingangs zitierten Forderung von Cynthia Fleury: »Soziologie statt Ressentiment«. Es wäre in einer demokratischen Gesellschaft vollkommen kontraproduktiv, ja geradezu desaströs, Ressentiments mit Gegenressentiments zu vergelten.[25] Es

24 Ebd., S. 148.

25 Ebd., S. 60 f., 76, 79 f., 139, 141 ff.; Körner, »Ressentiments und Gegenressentiments«, S. 933; Fleury, *Hier liegt Bitterkeit begraben*, S. 25 f., 84 f., 278.

kommt vielmehr darauf an, Ressentiments zunächst soziologisch zu verstehen und sodann demokratisch auf sie zu reagieren. Dafür können gesellschaftliche und politische Akteurinnen und Akteure an die fünf Merkmale anknüpfen, die Scheler in seiner Phänomenologie des Ressentiments entwickelt hat. Aus der Projektionsausweitung, Realitätsverschiebung, Werttäuschung, Opferambivalenz und Ansteckungsgefahr lassen sich Handlungsstrategien gegen Ressentiments entwickeln. So werden wir beispielsweise sehen, dass und wie eine demokratische Politik auf die soeben angesprochene Ambivalenz des ressentimentalen Opferdiskurses mit einer »Grundsicherung« in Form des Antidiskriminierungsrechts reagieren kann und muss. Einerseits um Menschen vor Angriffen und Verletzungen, die zu Ressentiments führen können, präventiv so weit wie möglich zu bewahren. Zugleich ist es aber andererseits auch notwendig, mit dem Antidiskriminierungsrecht, Menschen vor Diskriminierungen zu schützen, die ihnen von ressentimentgeladenen Personen zugefügt werden (können). Darüber steht hinsichtlich der ressentimentalen Projektionsausweitung und Realitätsverschiebung die effektive demokratische Regulierung sozialer Medien nach wie vor ganz oben auf der politischen Tagesordnung. Im Hinblick auf Werttäuschungen und Ansteckungsgefahren gilt es, ressentimentalen Freund-Feind-Erklärungen mit den Mitteln der integrativen, streitbaren und wehrhaften Demokratie rechtlich klare Grenzen zu setzen. Auf diese Möglichkeiten, mit denen demokratische Politik Einsamkeit und Ressentiment begegnen kann, werden wir im siebten Kapitel ausführlicher zurückkommen.

## Strukturen der sozialen Polarisierung

Die subjektive Emotion des Ressentiments ist von der Struktur der gesellschaftlichen Polarisierung zu unterscheiden, in der sich Ressentiments realisieren. Mit Blick auf die Wirkung von Ressentiments weist die gesellschaftliche Polarisierung drei Strukturmerkmale auf: erstens die vervielfältigten Ursachen und Gründe für die Entwicklung von Ressentiments, zweitens den digitalen Strukturwandel ressentimentaler Kommunikation und drittens die äußerst dynamische Politisierung ressentimentaler Polarisierung.

Erstens: Die Ursachen und Gründe für eine ressentimentale Polarisierung der Gesellschaft sind vielfältig. Sie entstehen an den sozialen und kulturellen, ökonomischen und infrastrukturellen Bruchstellen und Bruchlinien der gesellschaftlichen Entwicklung. Deshalb können sie praktisch in allen gesellschaftlichen Lebensbereichen auftreten. Diese Vielzahl von strukturellen Gründen, in praktisch allen gesellschaftlichen Lebensbereichen ohnmächtige Kränkungen zu erfahren, führt zu einer ebenso großen Vielfalt von ressentimentalen Verhaltensformen. Dies gilt umso mehr, als sich aufgrund der Projektionsausweitung von Ressentiments die von Personen erlebte Kränkung in einem gesellschaftlichen Lebensbereich in einer ressentimentalen Reaktion in einem anderen Lebensbereich niederschlagen kann. Wenn beispielsweise ganze Regionen in der Bundesrepublik infrastrukturell abgehängt werden, mag sich das dadurch entstehende Gefühl der sozialen und politischen Ohnmacht als Projektionsausweitung in kulturellen Ressentiments gegen Bewohnerinnen und Bewohner von hyperinfrastrukturalisierten Großstadtvierteln realisieren. Diese »antworten« wiederum mit der Entwicklung von kulturellen Gegenressentiments, die die sich gegen die Menschen richten, die in abgehängten Regionen leben. So entwickelt sich eine Ressentimentspirale, die die gesellschaftliche Polarisierung sogleich in doppelter Hinsicht dynamisiert: Zum einen entsteht ein erbitterter kulturell polarisierender Konflikt zwischen Stadt und Land. Zum anderen verfestigt sich die ohnmächtige Verbitterung in den abgehängten Regionen. Denn aufgrund der ressentimentalen Projektionsausweitung wird die infrastrukturelle Ungleichheit und die damit einhergehende gesellschaftliche Polarisierung aus dem gesamtgesellschaftlichen Bewusstsein gerückt, obwohl sie eigentlich im Mittelpunkt der sozialen und politischen Auseinandersetzung stehen müsste.

Zweitens: Die Kommunikation der ressentimentalen Polarisierung im digitalen Strukturwandel der Öffentlichkeit hat sich – im wahrsten Sinn des Wortes – radikal verändert.[26] Alle Formen des ressentimentalen Gefühlshaushalts werden in den sozialen Medien im Schutz grundrechtlich abgesicherter Anonymität individuell und kollektiv kommuniziert: Groll, Zorn und Hass, Rache und Gewalt. Das ressentimentale »Auskotzen in sozialen Netzwerken«[27] konstituiert Räume des Hasses,[28] in denen sich zugleich die ganze Ambivalenz des ressentimentalen Opferdiskurses alltäglich rund um die Uhr

26 Vgl. hierzu und zum Folgenden Fleury, *Hier liegt Bitterkeit begraben*, S. 266 ff.

27 Ebd., S. 267.

28 Ebd., S. 274.

dynamisiert. Darüber hinaus leisten die sozialen Medien mit alternativen Fakten, Fake News und Verschwörungsideologien den Realitäts- und Wertverschiebungen und damit der »organischen Verlogenheit« Vorschub, die bereits Scheler als ein zentrales Merkmal ressentimentaler Wirklichkeitskonstruktion beschrieben hat. »Mundus inversus« – »verkehrte Welt« – nennt Cynthia Fleury diese digitale Neukonfiguration des Verhältnisses von Konspiratismus und Ressentiment, die alle ohnmächtige Kränkung holistisch erklärt.[29]

Drittens: Die Politisierung der ressentimentalen Polarisierung instrumentalisiert den Groll, Zorn und Hass einer Gesellschaft.[30] Die politische Instrumentalisierung von Ressentiments ist eine seit jeher existierende Herrschaftstechnik, die heute vor allem von populistischen, zunehmend aber auch von anderen Parteien genutzt wird. Im Unterschied zu einer komplexen und langfristigen Sozial-, Infrastruktur-, Wirtschafts- und Umweltpolitik hat Ressentimentpolitik den großen strategischen Vorteil, aus zwei Gründen sehr spontan agieren zu können. Zum einen kann sich Ressentimentpolitik aus der ganzen Vielfalt von strukturellen Gründen bedienen, die an den sozialen und kulturellen, ökonomischen und infrastrukturellen Bruchstellen und Bruchlinien der gesellschaftlichen Entwicklung entstanden sind und damit das politische Potenzial für eine ressentimentale Polarisierung und zugleich Politisierung begründen. Zum anderen fällt diese ressentimentale Politisierung umso leichter, als dafür im Zuge des digita-

29 Ebd., S. 276 ff., insbesondere S. 280.

30 Vgl. hierzu und zum Folgenden Müller, *Ressentiment*, S. 63 ff., insbesondere S. 68 ff.; Olschanski, *Ressentiment*, S. 29 ff.

len Strukturwandels der Öffentlichkeit geradezu »ideale« Kommunikationsformen und -formate zur Verfügung stehen. Dies gilt – wie wir soeben gesehen haben – insbesondere mit Blick auf die ressentimentale Kommunikation von Groll, Zorn und Hass, Rache und Gewalt als Ausdruck eines individuellen und gruppenbezogenen Opferstatus. Aber auch die Realitäts- und Wertverschiebungen ressentimentaler Kommunikation bis hin zu Verschwörungsideologien können im Netz spontan umgesetzt werden. Thomas Lux, Steffen Mau und Linus Westheuser haben diese Machttechnik in das sehr anschauliche Bild der politischen »Polarisierungsunternehmer« gefasst, »deren Profilierung primär über die Erzeugung und Kapitalisierung polarisierter Auseinandersetzung erfolgt«.[31] Polarisierungsunternehmerinnen und -unternehmer warten »im Stil politischer Wegelagerer« darauf, »Ressentiment und Unzufriedenheit aufgreifen zu können, unbeheimatete Wähler einzusammeln und emotional aufgeladene Themen in das eigene Portfolio zu integrieren«.[32] Diese politischen »Wegelagerer« sind zugleich auch »Gemeinschaftsdealer«[33], die Menschen eine homogene Gemeinschaft als politische Heimat verkaufen wollen, die durch ressentimentgeladene Ab- und Ausgrenzung konstituiert und aufrechterhalten wird. Sie bewirtschaften über die okkasionalistische Kommunikation von gesellschaftlicher Polarisierung die öffentliche Aufmerksamkeitsökonomie. Diesen Polarisierungswettlauf um gesellschaftliche Aufmerksamkeit kann eine komplexe und lang-

31 Mau/Lux/Westheuser, *Triggerpunkte*, S. 375.
32 Ebd., S. 376.
33 Hertz, *Das Zeitalter der Einsamkeit*, S. 66 ff.

fristig angelegte Sozial-, Infrastruktur-, Wirtschafts- und Umweltpolitik nur verlieren. Bis die verantwortlichen Akteurinnen und Akteure sowie demokratischen Institutionen kommunikativ reagieren (können), haben die Polarisierungsunternehmerinnen und -unternehmer bereits längst das nächste ressentimentgeladene Thema gesetzt. In dieser kommunikativen Dynamik kultivieren und konservieren die politischen »Wegelagerer« die ressentimentgeladene »Opferlogik«[34], um zwischen Freund und Feind zu unterscheiden. Es soll der Eindruck entstehen, »die da oben« interessierten sich überhaupt nicht für die »wahren« Probleme der »normalen« Bürgerinnen und Bürger, die darüber hinaus von der »unfähigen Politik da oben« auch unmittelbar verschuldet seien. Dieser Form der ressentimentalen Kommunikation kommen zwei Umstände entgegen, die von Lux, Mau und Westheuser ebenfalls pointiert mit dem Stichwort der »gefühlten Polarisierung«[35] angesprochen werden:[36] Erstens profitiert die ressentimentale Polarisierungskommunikation von dem Phänomen der »False Polarization«[37] – also dem Umstand, dass der gesellschaftliche Zusammenhalt in der Bundesrepublik in der öffentlichen Meinung sehr viel negativer eingeschätzt wird, als dies auf Basis ökonomischer Daten zu erwarten wäre. Zweitens setzen Polarisierungsunternehmerinnen und -unternehmer für die Kommunikation ihrer Ressentimentpolitik auch schlicht auf »Fake Polarization« – also die Übertreibung und Erfindung

34 Müller, *Ressentiment*, S. 69.
35 Mau/Lux/Westheuser, *Triggerpunkte*, S. 384.
36 Vgl. hierzu und zum Folgenden ebd., S. 378.
37 Fernbach/Van Boven, »False Polarization«.

gesellschaftlicher Polarisierung in Form von alternativen Fakten, Fake News und selbstviktimisierenden Verschwörungs- und Opfererzählungen.

## Folgen der gesellschaftlichen Spaltung

Ressentiments und insbesondere kollektiv geteilte Ressentiments verfügen über das Potenzial, gesellschaftliche Polarisierungs- und Spaltungslinien zu vertiefen. Mit der Spaltung der Gesellschaft ist nicht gemeint, dass die Gesellschaft auseinanderbricht, sondern dass sich ihre Gleichheits- und Freiheitsstruktur divergenter und konfrontativer gestaltet: So lässt sich für die Gleichheitsstruktur beobachten, dass soziale und ökonomische Ungleichheiten seit dem Ende der 1990er Jahre zunehmen. Im Jahr 1999 lag der Gini-Koeffizient[38] bei 0,26, zehn Jahre später (2010) hingegen deutlich höher bei 0,29. Auf diesem erhöhten Niveau blieb der Gini-Koeffizient während der 2010er Jahre relativ stabil, stieg dann ab 2020 leicht auf den Wert von 0,30 an und verharrt seitdem auf diesem Wert. Für den gleichen Zeitraum lässt sich ebenfalls eine Zunahme der Armutsquoten verzeichnen.[39] Für die Freiheitsstruktur wiederum lässt sich beobachten, dass soziale, ökonomische und kulturelle Konflikte entweder härter und kompromissloser ausgetragen oder aber schlicht ignoriert werden. Man

38 Der Gini-Koeffizient ist ein Maß, das die Verteilung der Einkommen misst – bei einem Wert von 0 erhalten alle Personen das gleiche Einkommen, bei einem Wert von 1 hat einer alles, alle anderen nichts.

39 Vgl. Hans Böckler Stiftung, *Soziale Ungleichheit in Deutschland*.

erkennt eine sich polarisierende Gesellschaft also nicht allein daran, dass Bürgerinnen und Bürger lautstark verbitterte Konflikte über soziale und ökonomische Ungleichheiten und kulturelle Distinktionen austragen. Die Polarisierung der Gesellschaft kann sich gerade auch darin niederschlagen, dass soziale und ökonomische Ungleichheiten verbittert beschwiegen werden.

## Depressive (Un-)Gleichheit

Die Ressentimentforschung knüpft überwiegend an Alexis de Tocquevilles Kritik des Verhältnisses von Gleichheit und Demokratie an, wenn es um die ressentimentalen Folgen gesellschaftlicher Polarisierung für den Zusammenhalt einer demokratischen Gesellschaft geht. Wie bereits mit Blick auf die Einsamkeit in der Demokratie ist Tocqueville also auch für die Wirkung von Ressentiments in der Demokratie ein wichtiger, vielleicht sogar der zentrale Referenzklassiker: Wenn die Ungleichheit – so Tocqueville[40] – das zentrale Gesetz einer Gesellschaft sei, fielen selbst die größten Ungleichheiten nicht weiter auf. Demgegenüber wirkten in einer Gesellschaft, in der Ungleichheiten weitgehend eingeebnet seien, schon die geringsten Unterschiede kränkend. Der Wunsch nach Gleichheit werde deshalb in einer Gesellschaft umso unersättlicher, je größer die gesellschaftliche Gleichheit bereits sei. So hätten die Menschen in demokratischen Gesellschaften bereits eine gewisse Freiheit erreicht, ohne jedoch ihren Gleichheitsan-

40 Tocqueville, Über die Demokratie in Amerika, 2. Band, S. 158 f.; hierzu Fleury, *Hier liegt Bitterkeit begraben*, S. 34.

spruch voll realisieren zu können. Auch wenn die Verlockung der Gleichheit damit immer größer werde, könnten die Bürgerinnen und Bürger ihre Gleichheitsvorstellungen nicht vollständig realisieren. Die Gleichheit liege zum Greifen nah vor ihnen, entziehe sich aber immer wieder ihrem Zugriff. Die Bürgerinnen und Bürger sähen sich den Annehmlichkeiten der Gleichheit so nahe, stürben jedoch, bevor sie diese voll auskosten könnten. Dies müsse die Ursache für den Trübsinn sein, der sich bei den Bewohnerinnen und Bewohnern demokratischer Gegenden inmitten ihres Überflusses zeige; und dies sei der Grund für den Überdruss, der sie manchmal inmitten eines bequemen und ruhigen Lebens erfasse.

Auch wenn man diese Diagnose Tocquevilles liest, wird schnell deutlich: Wieder wird das Verständnis der demokratischen Gesellschaft isoliert auf die Gleichheit zugespitzt; und wir haben bereits gesehen, dass Scheler dies zu einem gleichheitsfixierten Ressentimentbegriff für die Demokratie verengt. Bis heute stellt dieses gleichheitsfixierte Ressentimentverständnis eines der zentralen Paradigmen der Ressentimentforschung dar, das inzwischen auch von Kritikerinnen und Kritikern des Verhältnisses von Kapitalismus und Demokratie sehr gern rezipiert wird: Dem Ressentiment wird aufgrund der Gewährleistung der Gleichheit in der Demokratie eine so zentrale Rolle zugemessen, dass alle Bürgerinnen und Bürger »ständig mit der Vermessung von Diskrepanzen beschäftigt sind«.[41] Das Ressentiment sieht sich als »emotio-

41 Bolz, »Lust der Negation«, S. 754; vgl. auch Müller, *Ressentiment*, S. 46; Vogl, *Kapital und Ressentiment*, S. 163; Illouz, *Undemokratische Emotionen*,

naler Schlüsselbegriff kapitalistischer Demokratien«[42] ausgewiesen, der für ein ständiges gesellschaftliches »Grollen«[43] und eine verlässliche »Ausweitung der Kränkungszone«[44] sorgt. Es führt »in einen spezifischen Vergleichs- und Relationszwang, in einen Reflex zu Valorisierung und Bewertung, in eine wuchernde Urteilslust«, die aufgrund des funktionalen Zusammenhangs »zwischen rechtlichen Gleichheitsversprechen und tatsächlichen Inkommensurabilitäten«[45] so notwendig wie dauerhaft enttäuscht werden muss.

## Ressentiment als demokratisches Gefühl?

Um die negativen Folgen eines ressentimentgeladenen Verständnisses von Gleichheit und Demokratie für den Zusammenhalt der Gesellschaft zu vermeiden, hat die politische Theorie teilweise die Flucht nach vorn angetreten und das Ressentiment zum eigentlichen zentralen Motivationsgefühl in der Demokratie erklärt.

So versucht beispielsweise Jeremy Engels, die positive Bedeutung einer »Politics of Resentment« (2015) mit Blick auf die populistische Polarisierung und Gewalt in den Vereinigten Staaten zu begründen:[46] Engels sieht im »Resentment« –

S. 123; Amlinger/Nachtwey, *Gekränkte Freiheit*, S. 146 ff.; Fleury, *Hier liegt Bitterkeit begraben*, S. 29, 34 f.

42 Illouz, *Undemokratische Emotionen*, S. 122.

43 Jensen, *Zornpolitik*, S. 33.

44 Amlinger/Nachtwey, *Gekränkte Freiheit*, S. 146.

45 Vogl, *Kapital und Ressentiment*, S. 163.

46 Vgl. hierzu und zum Folgenden Engels, *The Politics of Resentment*, S. 5 ff., 11 ff., 19 ff., 146, 155 ff.

also in Groll, Wut und Zorn – ein zutiefst menschliches Gefühl, das zugleich die zentrale Motivation der Bürgerinnen und Bürger bildet, um Gerechtigkeit in einer politischen Ordnung einzufordern. Das bürgerliche »Resentment« kann sich nach der Auffassung von Engels auch zum »Ressentiment« intensivieren, also in Hass und Gewalt umschlagen. »Resentment« wird als ein primäres demokratisches Gefühl verstanden, das die Bürgerinnen und Bürger gegen die Eliten und Regierenden richten, um politische Machtausübung zu kontrollieren und sich vor willkürlicher Machtausübung zu schützen. Mit »Resentment« erkämpfen, sichern und bewahren die Bürgerinnen und Bürger die Autonomie und Selbstbestimmung des Volkes als demokratischer Souverän. Deshalb achten die Eliten und Regierenden auf die politische Entwicklung des bürgerlichen »Resentments«, damit sich dieses nicht in oppositionellen und gewalttätigen Akten oder sogar revolutionär Bahn bricht. Doch nach der Analyse von Engels haben die Eliten und Regierenden in den Vereinigten Staaten im Zuge der Entwicklung des politischen Neoliberalismus und des erstarkenden Populismus das politische »Resentment« umgeleitet: von der demokratischen Kontrolle der Eliten und Regierenden durch die Bürgerinnen und Bürger in eine Machttechnik, welche die Eliten und Regierenden dazu einsetzen, um »Resentment« unter den Bürgerinnen und Bürgern zu erzeugen. Diese populistische Politik des »Resentments« zerstört nach der Auffassung von Engels die Demokratie, weil sie die demokratische Einheit der Bürgerinnen und Bürger als Volk spaltet. Dadurch wird zugleich die Kontrolle der Eliten und Regierenden aufgehoben, da das »Resentment« durch diese »Umleitung« seine demokratische Sicherungsfunktion einbüßt. Aus diesem Grund plädiert Engels dafür, dass sich die amerikanischen Bürgerinnen und Bürger wieder gegenseitig politisch anerkennen. Nur dann können sie ihr »Resentment« wieder zur politischen Kontrolle von Eliten und Regierenden in einer robusten Demokratie einsetzen. Zusammengefasst: »Resentment« entfaltet eine positive Wirkung in der Demokratie, wenn es von den Bürgerinnen und Bürgern dafür eingesetzt wird, um Eliten und Regierende zu kontrollieren und auf diese Weise die demokratische Selbstbestimmung des Volkes politisch zu entfalten.

Man muss diesen Versuch von Engels, das »Resentment« als demokratisches Gefühl auszuweisen, in der Problemtradition sehen, die Tocqueville mit seiner destruktiven Diagnose demokratischer Gleichheit für den gesellschaftlichen Zusammenhalt begründet hat. Scheler hat sie in seine ontologische Typologie des »Ressentimentmenschen« integriert, bevor sie von den Kritikerinnen und Kritikern des demokratischen bzw. digitalen Kapitalismus im ressentimentalen Verhältnis von Gleichheit und Demokratie verabsolutiert wurde. Doch überzeugender wird diese These dadurch nicht. Aufgrund dieser ressentimentalen Aufladung des Verhältnisses von Gleichheit und Demokratie entwickelt diese Ressentimentkritik letztlich eine faktisch und normativ überschießende Innentendenz. Denn es liegt in der letzten Konsequenz dieser Auffassung, dass eigentlich der demokratische Wohlfahrtsstaat die ressentimentalste aller politischen Ordnungen darstellen müsste. Der demokratische Wohlfahrtsstaat definiert sich über den sozialen Ausgleich. Aber auch er kann sein Gleichheitsversprechen faktisch nicht vollkommen einlösen. Nach der seit Tocqueville tradierten Formel – je gleicher, desto ressentimentaler – müsste folglich das Ressentiment im Wohlfahrtsstaat seinen politischen Höchststand erreichen. Man könnte dieses Verständnis des Ressentiments nun schlicht als konservative Kritik der Gleichheit in der Demokratie und am demokratischen Wohlfahrtsstaat einordnen und achselzuckend die Frage dahinstehen lassen, wie und warum dieses gleichheitsfixierte Ressentimentverständnis bis heute ausgerechnet im Kontext einer linken Kapitalismuskritik reüssieren kann. Doch dies würde die Gefahr für den sozialen Zusammenhalt einer demokratischen Gesellschaft vollkommen unterschätzen, der in der ressentimentalen Verabsolutierung des Verhältnisses von Gleichheit und Demokratie liegt. Um es ganz klar zu sagen: Ein gleichheitsfixiertes Ressentimentverständnis richtet sich notwendigerweise gegen die Demokratie selbst. Es konsumiert zwangsläufig die demokratische Legitimation. Deshalb handelt es sich bei diesem Ansatz auch nicht einfach um eine konservative oder progressive Kritik der Demokratie. Das gleichheitsfixierte Ressentimentverständnis stellt vielmehr eine antidemokratische Legitimationsstrategie dar, die sich gegen demokratische Ordnungen wendet. Es dient nicht der Analyse der Folgen von individuellen, sozialen und kollektiven Ressentiments für den gesellschaftlichen Zusammenhalt und die demokratische Ordnung. Ganz im Gegensteil: Es handelt sich um eine ressentimentale Theorie der Spaltung, die sich von vornherein gegen den sozialen Zusammenhalt einer demokratischen Gesellschaft richtet. Deshalb kann die Einhegung eines gleichheitsfixierten Ressentimentverständnisses auch nicht dadurch erfolgen, dass man mit Engels das »Resentment« zur emotionalen Legitimationsgrundlage demokratischer Ordnungen erklärt und schlicht auf ein politisch kluges *Anger Management* setzt. Dies hieße nichts anderes, als den Bock zum Gärtner zu machen. Das Ressentiment kann keine »positive« Funktion für den gesellschaftlichen Zusammenhalt einer demokratischen Ordnung erfüllen. Zorn und Hass sind – so fasst einmal mehr Montaigne diesen Tatbestand pointiert zusammen – aufrührerische und ungerechte Leidenschaften und können deshalb keine vernünftige und gemäßigte Bürgerpflicht sein.[47]

## Polarisierung und Zusammenhalt

Wie bestimmt man aber dann die Folgen von polarisierenden Ressentiments für den sozialen Zusammenhalt einer demokratischen Gesellschaft? Die Antwort auf diese Frage kann unmittelbar an die Analyse und Kritik der ontologischen Typisierung des »Ressentimentmenschen« bei Scheler anknüpfen. Das Ressentiment ist sicherlich ein sehr starkes individuelles, soziales und kollektives Gefühl, das den gesellschaftlichen Zusammenhalt beeinträchtigen und die demokratische Ordnung gefährden kann. Doch es handelt sich in seinen individuellen und gesellschaftlichen Gründen um ein graduelles Phänomen, das hinsichtlich der Gewährleistung des gesellschaftlichen Zusammenhalts und der Garantie der demokratischen Ordnung differenziert einzuordnen und zu bewerten

47 Montaigne, *Essais*, Zweiter Theil, S. 748 (III. Buch, 1. Hauptstück).

ist. Dafür lohnt es sich, einen Blick auf die Gründe und die Auslöser von Ressentiments zu werfen.

Für die Bestimmung der Gründe, warum die Emotion des Ressentiments zu einer sozialen Polarisierung führt, muss man die Freiheits- *und* die Gleichheitsstruktur demokratischer Ordnungen gemeinsam betrachten.[48] Dies bedeutet einerseits, dass Ressentiments aus Enttäuschungen über Freiheits- und Gleichheitserwartungen entstehen können. Wir haben bereits im Rahmen der Diskussion der Struktur der sozialen Polarisierung gesehen, wie vielfältig die sozialen und kulturellen, ökonomischen und infrastrukturellen Bruchstellen und Bruchlinien der gesellschaftlichen Entwicklung und Krisen sind, die aufgrund von beeinträchtigten Freiheitschancen und zurückgesetzten Gleichheitsansprüchen zur Bildung von Ressentiments führen. Aber Freiheit und Gleichheit sind eben nicht nur die Ursache, warum Ressentiments in einer demokratischen Gesellschaft entstehen. Sie sind zugleich auch der Grund, warum sich keine Ressentiments bilden. So führt nicht jede Ungleichbehandlung zu einem Ressentiment, weil die Bürgerinnen und Bürger als Ausdruck ihrer individuellen, sozialen und kollektiven Freiheit eben auch Ungleichheit in einer demokratischen Gesellschaft tolerieren. Diese demokratische Einsicht ist dem gleichheitsfixierten Ressentimentverständnis in der Tradition Tocquevilles und Schelers vollkommen verloren gegangen. Sie ist jedoch für das Verständnis von Ressentiments in der Demokratie ebenso zentral wie der umgekehrte Fall: Nicht jede Freiheitsein-

48 Müller, »Soziale Ungleichheit und Ressentiment«, S. 894; ferner Sloterdijk, *Zorn und Zeit*, S. 354.

schränkung führt dazu, dass Bürgerinnen und Bürger Ressentiments entwickeln. Denn auch hier wissen Bürgerinnen und Bürgern, dass diese Freiheitsbeschränkungen zur Gewährleistung der Gleichheit und Freiheit anderer Bürgerinnen und Bürger erforderlich und notwendig sein können. So wurden beispielsweise die Corona-Maßnahmen von der weit überwiegenden Mehrheit der Bürgerinnen und Bürger mitgetragen.

Dies führt jedoch unmittelbar zu der Frage, was dann den Auslöser für Ressentiments bildet, die aufgrund ihrer sozialen Polarisierung den sozialen Zusammenhalt einer demokratischen Gesellschaft gefährden. Das gleichheitsfixierte Ressentimentverständnis macht sich die Antwort auf diese Frage zu leicht: Ungleichheit führt reflexhaft zur Entwicklung und Verstärkung von Ressentiments. Doch wenn man die soeben vorgestellte Ambivalenz der Freiheits- und Gleichheitsstruktur einer demokratischen Gesellschaft in Rechnung stellt, gibt es weder einen monokausalen noch einen automatischen Auslöser für Ressentiments. Vielmehr ist von einer individuellen und kollektiven Toleranz der Bürgerinnen und Bürger in einer »zerklüftete[n] Konfliktlandschaft«[49] auszugehen, bevor Beeinträchtigungen von Freiheit und Gleichheit zur Entwicklung von Ressentiments führen. Wann diese demokratische Toleranzschwelle überschritten ist, lässt sich abstrakt nicht eindeutig bestimmen. Man kann sie aber metaphorisch fassen. Mau, Lux und Westheuser sprechen insofern von einer Verletzung des »impliziten Gesellschaftsvertrag[s]«[50]. Mit diesem Begriff wird eine Grundvorstellung der Freiheits- und

49 Mau/Lux/Westheuser, *Triggerpunkte*, S. 30, 395.
50 Ebd., S. 388, 408.

Gleichheitsstruktur unserer Gesellschaft umschrieben, deren substanzielle Verletzung als eine Kränkung verstanden wird, wie beispielsweise in Fällen individueller Diskriminierung von Menschen oder kollektiver Infrastrukturexklusion in »abgehängten« Regionen. Auch die deutsche Wiedervereinigung kann hier angeführt werden: So haben nicht nur massenhafte Entlassungen zu Abwertungs- und Ohnmachtsgefühlen geführt, sondern es sind auch die expliziten (Angleichungs- und) Gleichheitserwartungen vieler Ostdeutscher enttäuscht worden.[51] In diesen Fällen werden die »Triggerpunkte« überschritten, welche die »Bruchstellen tief verankerter Egalitätserwartungen«[52] und – so muss man hinzufügen – tief verankerter Freiheitserwartungen anzeigen. Doch auch wenn tiefsitzende Freiheits- und Gleichheitsvorstellungen durch gesellschaftliche Entwicklungen oder politische Entscheidungen getriggert werden, führt auch dies keineswegs automatisch und reflexhaft zu einer ressentimentalen Polarisierung und gesellschaftlichen Spaltung. Denn in diesem Fall kommt es darauf an, ob und wie die Politik einer demokratischen Gesellschaft mit diesen Herausforderungen des »impliziten Gesellschaftsvertrags« umgeht. Demokratische Politik kann konstruktiv reagieren, indem sie sich dieser tiefsitzenden Freiheits- und Gleichheitsenttäuschungen konstruktiv annimmt. Auf diese Weise lässt sich der Entwicklung von Ressentiments vorbeugen und zumindest der Versuch unternehmen, durch sozialen und wirtschaftlichen Ausgleich das verlorene Vertrauen in den gesellschaftlichen Zusammenhalt

51 Kollmorgen, »Ostdeutsche Identität(en)?«.

52 Mau/Lux/Westheuser, *Triggerpunkte*, S. 252; vgl. auch ebd., S. 387.

und die demokratische Ordnung wiederherzustellen. Wenn die Politik demgegenüber diese tiefsitzenden Freiheits- und Gleichheitsenttäuschungen schlicht ignoriert, muss sie mit der Entwicklung von Ressentiments und damit der Beeinträchtigung des gesellschaftlichen Zusammenhalts und der demokratischen Ordnung rechnen. Eine vollkommen destruktive Wendung würde die Politik nehmen, wenn sie auf Ressentiments mit Gegenressentiments reagiert.[53] Denn dies würde die polarisierenden Spaltungen und Gefährdungen des gesellschaftlichen Zusammenhalts nur noch weiter vertiefen. Deshalb muss eine Politik vor allem auf eines achten: Sie darf Ressentiments keinesfalls mit komplementären Gegenressentiments beantworten, wenn ihr etwas am gesellschaftlichen Zusammenhalt und der demokratischen Ordnung liegt.

53 Vgl. hierzu und zum Folgenden Müller, *Ressentiment*, S. 60 f., 76, 79 f., 139, 141 ff.; Körner, »Ressentiments und Gegenressentiments«, S. 933; Fleury, *Hier liegt Bitterkeit begraben*, S. 25 f., 84 f., 278.

# V Einsamkeit und Ressentiment

Auch wenn Einsamkeit nicht automatisch zu Ressentiments führt und Ressentiments sich nicht reflexhaft in Einsamkeit niederschlagen, besteht zwischen Einsamkeit und Ressentiments ein wechselseitiger Zusammenhang. Bei der Formel »Einsamkeit + Ressentiment = Undemokratische Gefühle« geht es also nicht um einfache Kausalität, sondern um eine komplexe Verbindung, um eine Korrelation, die es zu erklären gilt, damit die demokratische Gesellschaft und demokratische Politik angemessen auf die Gefährdung der demokratischen Ordnung reagieren können.[1] Ein solches korrelatives Denken muss versuchen, die bewegliche und dynamische Konstellation von Einsamkeit, Ressentiment und Demokratie konzeptionell zu fassen. Korrelatives Denken ist eine Form des prozesshaften Denkens, das – so Theodor W. Adorno – die korrelierenden Gegenstände in der Hoffnung umkreist, dass die Konstellation »aufspringe etwa wie die Schlösser wohlverwahrter Kassenschränke: nicht nur durch einen Einzelschlüssel oder eine Einzelnummer sondern eine Nummernkombi-

1 Hertz, *Das Zeitalter der Einsamkeit*, S. 56, 58, hinsichtlich der Einsamkeit; Fleury, *Hier liegt Bitterkeit begraben*, S. 138 ff., hinsichtlich des Ressentiments.

nation«.[2] Für eine solche »Entschlüsselung« der spannungsgeladenen Konstellation von Einsamkeit, Ressentiment und Demokratie können in einer idealtypischen Betrachtung drei Korrelationen entfaltet werden: erstens die emotionale Korrelation, in der die wechselseitige Verstärkung von Einsamkeit und Ressentiment zu gesellschaftlichen Kohäsionsverlusten führt; zweitens die strukturelle Korrelation, in der sich Einsamkeit und Ressentiment in interpersonellen und institutionellen Vertrauensverlusten niederschlagen; und drittens die funktionale Korrelation, in der sich Einsamkeit und Ressentiment in gesellschaftlichen und demokratischen Integrationsverlusten realisieren.

## Emotionale Korrelation: Kohäsionsverluste

Einsamkeit und Ressentiment sind starke negative Gefühle, die sich gegenseitig verstärken können. Diese emotionale Korrelation birgt die Gefahr, Kohäsionsverluste der demokratischen Gesellschaft zu verursachen und zu verstärken.

Die Gefühle Einsamkeit und Ressentiment können sich in ihrer emotionalen Korrelation deshalb gegenseitig verstärken, weil sie eine ganze Reihe von emotionalen Gemeinsamkeiten aufweisen. So entfalten Einsamkeit und Ressentiment jeweils individuelle, soziale und kollektive Dimensionen, sodass sie sich in einer Person, in interpersonellen Beziehungen, aber auch in Gruppen gegenseitig zu potenzieren ver-

2 Adorno, *Negative Dialektik*, S. 165 f.; vgl. hierzu bereits Fleury, *Hier liegt Bitterkeit begraben*, S. 138.

mögen. Darüber hinaus handelt es sich bei Einsamkeit und Ressentiment um negative Emotionen, die sich im Erleben graduell und dynamisch verbessern oder verschlechtern, sich im schlimmsten Fall aber über Jahre hinweg aufschichten und letztlich in völligem Rückzug bei einsamen Menschen oder Zerrüttung aller sozialen Beziehungen bei ressentimentgeladenen Menschen enden können. Dabei suchen die Einsamen die Schuld für die mangelnden oder gar dauerhaft gescheiterten Beziehungen eher bei sich,[3] wenngleich einige auch den Weg der Selbstaufwertung durch Abwertung anderer wählen.[4] Die von Ressentiments geplagten Menschen leiden durchaus unter Minderwertigkeitsgefühlen bis hin zum Selbsthass, suchen jedoch die Schuld für ihre Kränkung bei den Mitmenschen, aber in keinem Fall bei sich selbst. Auf Grund des prozessualen Charakters von Einsamkeit und Ressentiment wird verständlich, dass diese langanhaltende Gefühlslage jeweils eine eigene individuelle und gesellschaftliche Realitäts- und Wertwahrnehmung entwickeln kann, die sich miteinander verbunden noch effektiver gegenüber der demokratischen Öffentlichkeit zu immunisieren vermögen. Wenn vereinsamte und ressentimentgeladene Menschen soziale und politische Kontakte knüpfen, favorisieren sie möglichst konfliktarme homogene Gemeinschaften, während sie konfliktbeladene gesellschaftliche Kontakte meiden. Dies leuchtet im Fall von einsamen Menschen unmittelbar ein. Aber auch ressentimentgeladene Menschen suchen homogene Gruppen auf: zum einen um sich in ihren Ressentiments bestätigt zu sehen und zum

3 Neu/Küpper/Luhmann, *Extrem einsam?*

4 Neu/Küpper, »Einsamkeit, Feindseligkeit und Populismus«.

anderen um die eigenen Ressentiments in der aggressiven Abgrenzung zu anderen kollektiv auszuleben. Einsamkeit und Ressentiment entwickeln sich beide unter strukturellen Bedingungen der sozialen Isolation und der sozialen Polarisierung, die im Fall der Verbindung von Einsamkeit und Ressentiment ein besonders hohes emotionales Eskalationspotenzial begründen. Einsamkeit und Ressentiment werden beide durch eine intensive Nutzung sozialer Medien geprägt, wodurch sich die Realitäts- und Wertverschiebungen noch weiter radikalisieren können. Einsamkeit und Ressentiment entfalten beide einen ambivalenten Opferdiskurs: Einerseits sehen sich Menschen, die unter der Kombination von Vereinsamung und Ressentiments leiden, als Opfer individueller Umstände, sozialer Strukturen und politischer Entscheidungen. Andererseits gehen Einsamkeit und Ressentiments mit der Versuchung einher, dritte Personen dafür verantwortlich zu machen, um das eigene Selbst zu stabilisieren, die auf diese Weise wiederum zum Opfer von Hasskommunikation und Diskriminierung werden können. Einsamen und ressentimentgeladenen Menschen lässt sich in der Regel auch nicht mit gut gemeinten Common-Sense-Ratschlägen helfen. Wie bereits dargelegt, erleben Einsame viele Unterstützungsangebote als wenig hilfreich. Zugleich wird es mit der Dauer der Einsamkeitsepisode immer schwieriger, aus eigener Kraft den Ausweg aus der Einsamkeit zu finden. Im Falle des Ressentiments zeigen sich Gegenmaßnahmen noch weniger aussichtsreich. Denn es liegt im Wesen des Ressentiments, sein Leiden stets aufs Neue zu erleben und zu steigern. Angesichts der sozialen Prognose insbesondere für Menschen, die bereits Einsamkeit und Ressentiment emotional verbinden, muss eine demokratische Gesellschaft äußerst wachsam sein. Gerade der Gefahr der »Ansteckung« gilt es sowohl bei Einsamkeit als auch bei Ressentiment und besonders in ihrer Kombination auf individueller wie kollektiver Ebene vorzubeugen. Gefühle der mangelnden Anerkennung, der gescheiterten Beziehungen und gesellschaftlichen Deklassierung, die in ihrer Abwehr gegen den Selbsthass in der Abwertung anderer gipfeln können, machen es den antidemokratischen Akteurinnen und Akteuren leicht, hier politisch einzuhaken. Daher ist es entscheidend, wie eine demokratische Gesellschaft individuell, sozial und politisch auf Einsamkeit und Ressentiment reagiert. Aufgrund dieser emotionalen Parallelen können sich Einsamkeit und Ressentiment gegenseitig verstärken, sodass ressentimentale Vereinsamung über die substanzielle Einschränkung individueller und sozialer Beziehungen zu desaströsen Folgen für den gesellschaftlichen Zusammenhalt und die demokratische Ordnung führen kann.

## Strukturelle Korrelation: Vertrauensverluste

Der soziale Kohäsionsverlust, der mit der emotionalen Korrelation von Einsamkeit und Ressentiments auf individueller wie kollektiver Ebene einhergeht, schlägt sich in einem Verlust an individuellem, sozialem und politischem Vertrauen nieder.

Dieser individuelle, soziale und politische Vertrauensverlust wird in der Einsamkeitsforschung auf der Grundlage von

Émile Durkheims Verständnis von Anomie und Hannah Arendts Analyse totalitärer Herrschaft diskutiert. Anomie beschreibt nach Durkheim die Entwicklung sozialer Desintegration, die sich aus gesellschaftlichem Wandel und insbesondere gesellschaftlichen Krisen ergibt, wenn diese überkommene Norm-, Struktur- und Ordnungsvorstellungen infrage stellen und damit individuelle und soziale Desorientierung fördern.[5] Diese Form der sozialen Desorientierung und Desintegration spitzt Hannah Arendt in ihrer Analyse der *Elemente und Ursprünge totaler Herrschaft* in dem Konzept der »Verlassenheit« zu, das sie ihrer Erklärung des Totalitarismus im 20. Jahrhundert zugrunde legt.[6] Dabei versteht Arendt unter »Verlassenheit« einen extremen Zustand der existenziellen Isolation der Menschen: »Es ist, als breche alles, was Menschen miteinander verbindet, in der Krise zusammen, so daß jeder von jedem verlassen und auf nichts mehr Verlaß ist.«[7] Arendt versteht diese Verlassenheit als »eine antisoziale Situation und ein alles menschliche Zusammensein ruinierendes Prinzip.«[8] Deshalb beginne der verlassene Mensch »an der Wirklichkeit, die keiner mehr verläßlich bestätigt, [...] mit Recht zu zweifeln; denn diese Welt bietet Sicherheit nur, insofern sie uns von anderen mit garantiert ist.«[9] In diesem Zusammenhang unterscheidet Arendt zwischen Verlassenheit und Einsamkeit. In der Einsamkeit sei man – so Arendt –

5 Durkheim, *Der Selbstmord*, S. 279 ff., 290 ff., 296 ff.

6 Vgl. hierzu und zum Folgenden Arendt, *Elemente und Ursprünge totaler Herrschaft*, S. 726 ff.

7 Ebd., S. 729.

8 Ebd., S. 730.

9 Ebd., S. 729.

eigentliche niemals allein, sondern stets mit sich selbst zusammen, wobei in diesem menschlichen Selbst zugleich jedermann – also alle anderen Menschen – präsent bleiben. Dies ist in einer kantianischen Tradition formuliert: »Handle so, daß du die Menschheit, sowohl in deiner Person, als in der Person eines jeden andern, jederzeit zugleich als Zweck, niemals bloß als Mittel brauchtest.«[10] Einsame Menschen verfügen folglich noch über eine individuelle und soziale Orientierung. Diese steht verlassenen Menschen nicht mehr zur Verfügung, weil sie entweder aus persönlichen Gründen aus »dieser Welt hinausgestoßen« wurden oder weil aus sozialen oder politischen Gründen die »gemeinsam bewohnte Welt auseinanderbricht und die miteinander verbundenen Menschen plötzlich auf sich selbst zurückwirft«.[11] Es ist diese existenzielle Erfahrung der Verlassenheit, die nach Arendt »den Rohstoff zu allen einstigen und künftigen Experimenten totalitärer Herrschaft«[12] bildet. Der Totalitarismus zerstört auch noch die letzten Reste gesellschaftlicher Pluralität, um »in jedem einzelnen das Gefühl« zu hinterlassen, »von allen ganz und gar verlassen zu sein«.[13] Dieses Motiv haben wir bereits in Alexis de Tocquevilles Prognose despotischer Herrschaft kennengelernt: Die menschliche Gleichgültigkeit wird zur öffentlichen Tugend, weil kein gesellschaftliches Band die Menschen mehr miteinander verbindet. Damit ist nach der Auffassung von Tocqueville die demokratische Disposition gelegt,

10 Kant, *Grundlegung zur Metaphysik der Sitten*, S. 61.
11 Arendt, *Elemente und Ursprünge totaler Herrschaft*, S. 728 f.
12 Sloterdijk, *Die Verachtung der Massen*, S. 17.
13 Arendt, *Elemente und Ursprünge totaler Herrschaft*, S. 727.

welche durch despotische Herrschaft strukturiert werden kann. Und Hanna Arendt schlussfolgert ganz ähnlich: Den verlassenen Menschen erscheint das »eiserne Band des Terrors, mit dem die totalitäre Herrschaft die von ihm organisierten Massen in die entfesselte Bewegung reißt, [...] als ein letzter Halt«.[14] Auf diese Weise werden die »völlig Isolierten und voneinander Verlassenen« mit »unerbittlicher Konsequenz zu Komplicen aller von dem totalitären Regime unternommenen Aktionen und begangenen Verbrechen«[15]. In einem Satz: Totalitäre Herrschaft ist »organisierte Verlassenheit«[16].

Bis heute bestimmt der »lange Schatten der Arendt'schen These«[17] die Einsamkeitsforschung, was die strukturelle Korrelation von Einsamkeit und Ressentiment für die Gefährdung einer demokratischen Gesellschafts- und Verfassungsordnung angeht. Diese wissenschaftliche Tradition ist deshalb besonders wertvoll, weil sie einerseits den Zusammenhang zwischen menschlicher Isolation, totalitärer Herrschaft und massenmörderischem Ressentiment am Beispiel des Nationalsozialismus veranschaulicht. Zugleich werden aber auch die wissenschaftlichen Distanzen zwischen der Analyse Arendts und den aktuellen Fragen deutlich, die wir mit Blick auf die Emotionen, Strukturen und Folgen von Einsamkeit und Ressentiment für die demokratische Gesellschafts- und Verfassungsordnung der Bundesrepublik beantworten müssen.

14 Ebd., S. 729; vgl. ebd., S. 727.
15 Ebd., S. 727.
16 Ebd., S. 730.
17 Schobin, *Einsamkeit, Gesellschaft und Demokratie*, S. 12.

In diesem Zusammenhang sind insbesondere auch die unterschiedlichen Begriffsverwendungen in Rechnung zu stellen, die sowohl auf der definitorischen als auch auf der konzeptionellen Ebene liegen. Auf der Ebene der Begriffe unterscheidet Arendt ausdrücklich zwischen Verlassenheit und Einsamkeit: Verlassenheit als die absolute Isolierung des Menschen und – im Gegensatz dazu – die Einsamkeit als die Fähigkeit, sich in sozialer Isolierung noch interpersonal orientieren zu können. Allerdings sieht Arendt durchaus einen Zusammenhang zwischen Verlassenheit und Einsamkeit: »Verlassenheit und Einsamkeit sind nicht das dasselbe, obwohl es die Gefahr jeder Einsamkeit ist, in Verlassenheit umzuschlagen, so wie es die Chance jeder Verlassenheit ist, zu Einsamkeit zu werden.«[18] Auf der konzeptionellen Ebene muss bei der Anknüpfung an Arendt immer in Rechnung gestellt werden, dass sie Verlassenheit und Einsamkeit im Kontext der politischen Philosophie zur Erklärung totalitärer Herrschaft verwendet. Dies unterscheidet sich von einem gesellschaftswissenschaftlichen Verständnis der Begriffe, das zwischen empirischer Sozialforschung und theoretischer Reflexion zirkuliert. Vor dem Hintergrund dieser evidenten Nähe und gleichzeitigen Distanz zu Hannah Arendts Analyse ist es aber durchaus überzeugend, wenn sich die aktuelle Einsamkeitsforschung vor allem auf das zentrale Motiv des Vertrauensverlusts konzentriert, das die strukturelle Korrelation von Einsamkeit und Ressentiment mit Blick auf den gesellschaftlichen Zusammenhalt und demokratische Institutionen prägt.

18 Arendt, *Elemente und Ursprünge totaler Herrschaft*, S. 728.

So hat etwa Noreena Hertz in ihrer Phänomenologie des »Zeitalters der Einsamkeit« (2020) an Hannah Arendt Verständnis von Verlassenheit angeknüpft, um das Verhältnis von Einsamkeit und Populismus zu beschreiben.[19] Hertz betont zwar, dass Arendt zwischen Verlassenheit und Einsamkeit differenziert. Dennoch versucht sie, eine Brücke zwischen Arendts Verständnis der Verlassenheit und ihrer eigenen Definition von Einsamkeit zu schlagen, indem sie begriffliche Gemeinsamkeiten unterstreicht: »das Gefühl von Ausgrenzung und Machtlosigkeit, von Isolation, Ausgeschlossenheit und Verlust von Status und Unterstützung. Und ebenjene Dimensionen der Einsamkeit stellen eine deutliche und zunehmende Gefahr im Hier und Jetzt des 21. Jahrhunderts dar.«[20] Zwar erscheint diese Form der begrifflichen Schnittmengenbildung zwischen Arendts Verständnis der Verlassenheit und zeitgenössischen Definitionen der Einsamkeit aus den soeben dargelegten Gründen theoretisch nicht sehr belastbar. Aber zugleich wirft Hertz in ihrer kritischen Analyse des aktuell grassierenden Populismus die zentrale Frage nach dem Verhältnis von Einsamkeit, Ressentiment und Vertrauen auf, die sehr wohl in der soeben aufgezeigten Problemtradition Hannah Arendts steht. Dafür formuliert Hertz unter der Überschrift »Einsamkeit und die Politik des Misstrauens«[21] zwei korrelative Je-desto-Regeln, die uns in der empirischen Bestandsaufnahme im dritten Kapitel bereits begegnet sind: »Je

19 Vgl. hierzu und zum Folgenden Hertz, *Das Zeitalter der Einsamkeit*, S. 53 ff.
20 Ebd., S. 55.
21 Ebd., S. 57.

stärker wir in unsere Gemeinschaft eingebunden sind, je größer unsere Gewissheit, dass es Menschen gibt, auf die wir uns verlassen können, desto weniger sind wir offenbar geneigt, dem Lockruf der Rechtspopulisten zu folgen. Und obwohl Korrelation nicht zwangsläufig Kausalität bedeutet, so liegt doch eine Logik darin.«[22] Diese Korrelation funktioniert nach Hertz auch vice versa: »Je weniger soziale Bindungen wir haben, je isolierter wir uns fühlen, und je weniger geübt wir darin sind, mit Differenzen klar zu kommen und zivilisiert und kooperativ miteinander umzugehen, desto geringer ist unser Vertrauen in unsere Mitbürger und desto attraktiver erscheint uns die ausschließende und spalterische Form von Gemeinschaft, mit der Populisten hausieren gehen.«[23]

In seiner umfassenden Analyse über »Einsamkeit, Gesellschaft und Demokratie« (2022) hat Janosch Schobin die Korrelation zwischen sozialpsychologischen Vereinsamungsdynamiken und ressentimentgeladenen Vertrauensverlusten in demokratischen Gesellschaften untersucht.[24] In diesem Zusammenhang zeigt Schobin den langen Schatten Émile Durkheims und Hannah Arendts in der Einsamkeitsforschung mit allen seinen Traditionslinien und Traditionsbrüchen auf. Zugleich wirbt er dafür, den individuellen, sozialen und institutionellen Vertrauensverlust in den Mittelpunkt der strukturellen Folgenerwägung von Einsamkeit für die demokratische

22 Ebd., S. 58.

23 Ebd.

24 Vgl. hierzu und zum Folgenden Schobin, *Einsamkeit, Gesellschaft und Demokratie*, S. 11 ff., 22 ff.; bereits ders., »Vereinsamung und Vertrauen«, S. 53 ff.

Gesellschaft und Demokratie zu stellen. Schobin hält fest, dass die zeitgenössische soziologische Einsamkeitsforschung »den weiten Begriff der Anomie durch den präziseren Begriff der Vereinsamung« ersetzt und auf dieser Grundlage nach den Wechselwirkungen fragt, »die es zwischen psychologischen Vereinsamungsdynamiken und den strukturellen Faktoren gibt, welche die Stabilität inklusiver demokratischer Gesellschaftsordnungen garantieren«.[25] Für die Bestimmung dieser strukturellen Wechselwirkung misst Schobin – ebenfalls in der Problemtradition Hannah Arendts – dem sozialen Vertrauen zentrale Bedeutung zu, »weil davon ausgegangen wird, dass das Vertrauen in die Mitmenschen und in das politische und ökonomische System eine zentrale Voraussetzung ist, damit die Zivilgesellschaft und die demokratischen Institutionen liberaler Demokratien richtig funktionieren können, aber auch, damit Menschen in ihrer sozialen Umwelt effektiv interagieren können.«[26] Auf dieser Grundlage fasst Schobin die strukturelle Wechselwirkung von Vereinsamung und Vertrauen in drei analytische Thesen:[27] Erstens in die empirisch bereits belegte Mikro-These, nach der die Vereinsamung einer Person zu einer Erosion interpersonellen Vertrauens führt. Zweitens in die statistisch plausible Mikro-Makro-These, nach der diese Erosion interpersonellen Vertrauens in einem Vertrauensverlust in gesellschaftliche und staatliche Institutionen resultiert. Und drittens die zwar statistisch plausible, aber wissenschaftlich bislang umstrittene Makro-Mikro-These,

25 Schobin, *Einsamkeit, Gesellschaft und Demokratie*, S. 23.
26 Ebd., S. 24.
27 Vgl. hierzu und zum Folgenden ebd., S. 24 ff.

nach der sich Vertrauensverluste in gesellschaftliche und politische Institutionen wiederum in der Zunahme von individueller und sozialer Vereinsamung niederschlagen.

In dieser Entfaltung der strukturellen Korrelation von Vereinsamung, Ressentiment und Demokratie bleibt als gesellschaftlicher und institutioneller Vertrauensverlust also die Annahme Durkheims sichtbar, dass mit der einsamkeitsbedingten Erosion von tradierten Norm-, Struktur- und Ordnungsvorstellungen individuelle Desorientierung und soziale Desintegration zunehmen.[28] Zugleich wird in der Problemtradition Hannah Arendts deutlich, dass sich diese individuelle Desorientierung und soziale Desintegration strukturell in einem ressentimentgeladenen Vertrauensverlust in individuelle und soziale Beziehungen und gesellschaftliche und demokratische Institutionen niederschlägt.

## Funktionale Korrelation: Integrationsverluste

Die sozialen Kohäsions- und Vertrauensverluste stehen wiederum mit funktionalen Integrationsverlusten des gesellschaftlichen Zusammenhalts und demokratischer Institutionen in Verbindung.

Pluralistische Gesellschaften und demokratische Ordnungen werden durch Konflikte integriert. Von dieser Erkenntnis gehen beispielsweise Jürgen Kaube und André Kieserling in ihrer Kritik des allgegenwärtigen Paradigmas der »gespal-

28 Ebd., S. 26.

tenen Gesellschaft« aus:[29] Der Grund, warum Konflikte die pluralistische Gesellschaft nicht spalten, sondern funktional integrieren, liegt in der Vielzahl von sozialen Rollen, die Bürgerinnen und Bürger in allen Lebensbereichen ausfüllen. In dieser sozialen Rollenvielfalt erleben die Menschen die Komplexität der Gesellschaft und die Notwendigkeit, soziale, politische und rechtliche Kompromisse zu schließen. Wer sich in einer Rolle nicht als komplexitätsbewusst und kompromissbereit zeigt, kann nicht damit rechnen, dass ihm andere mit der gleichen erkenntnis- und interessenbezogenen Offenheit begegnen. Aus diesem Grund ist auch ein »vollständiger Kontaktabbruch der Streitenden« außerhalb des konkreten Konflikts »eher die Ausnahme als die Regel«.[30] Denn in anderen Lebensbereichen ist man nach wie vor auf Kooperation angewiesen. In diesem Zusammenhang vertreten Kaube und Kieserling die These, dass der Zusammenhalt moderner Gesellschaften nicht durch gemeinschaftlichen Sinn hergestellt werden kann.[31] Dies erscheint angesichts der zentralen Bedeutung, die Freiheit und Gleichheit, die Demokratie und Solidarität in der Gesellschafts- und Verfassungsordnung der Bundesrepublik entfalten, systemtheoretisch vielleicht doch etwas zu überpointiert. Aber innerhalb dieses durchaus wertbezogenen verfassungsrechtlichen Rahmens ist Kaube und Kieserling vollkommen zuzustimmen: Eine pluralistische Gesellschaft lebt aufgrund der individuellen Rollenvielfalt ihrer Bürgerin-

29 Vgl. hierzu und zum Folgenden Kaube/Kieserling, *Die gespaltene Gesellschaft*, S. 23 ff., 43 ff.

30 Ebd., S. 44 f.

31 Ebd., S. 30.

nen und Bürger von Differenz und Mobilität, Arbeitsteilung und Kontaktvariabilität, Konflikten und Konkurrenzen, Eigensinn und Abweichung. Der soziale Umgang und Kontakt in einer sozial differenzierten und äußerst komplexen Gesellschaft kann deshalb nur über sozial generalisierte Verhaltenserwartungen der Bürgerinnen und Bürger als Rollenträgerinnen und -träger funktionieren.[32] Deshalb können Kaube und Kieserling in dieser funktionalen Perspektive festhalten: »Das Verhältnis zu den meisten Mitmenschen ist eines unproblematischer Fremdheit, eines der Nichtbeachtung von und des routinierten Umgangs mit Unbekannten, eines von persönlicher ›Indifferenz und Minimalsympathie‹, wie es der Soziologe Rudolf Stichweh formuliert hat.«[33]

Es ist aber genau dieser funktionale Zusammenhang einer gesellschaftlichen »Integration durch Konflikt«[34], der aufgrund der möglichen Korrelation von Einsamkeit und Ressentiment in pluralistischen Gesellschaften und demokratischen Ordnungen stark beeinträchtigt werden kann. Menschen, die (dauerhaft) an Einsamkeit und Ressentiment leiden, verlieren (un-)freiwillig mit der Zeit immer mehr Sozialkontakte und damit ihre Rollenvielfalt. Mit der Reduzierung der gesellschaftlichen Rollenvielfalt gewinnen jedoch die Konflikte, die mit den verbleibenden sozialen Rollenwahrnehmungen einhergehen, für einsame und ressentimentgeladene Personen ein umso größeres Gewicht. So fürchten und vermeiden einsame Men-

32 Luhmann, *Rechtssoziologie*, S. 116, insbesondere S. 126 ff.

33 Kaube/Kieserling, *Die gespaltene Gesellschaft*, S. 30, in Anknüpfung an Stichweh, »Fremdheit in der Weltgesellschaft«, S. 166 ff.

34 Mau/Lux/Westheuser, *Triggerpunkte*, S. 420.

schen vermutlich Konflikte, um nicht noch weiter ins soziale Aus zu geraten. Weil ressentimentale Menschen mit ihren verbalen Anschuldigungen und Übergriffen immer wieder bei ihren Mitmenschen anecken, wird ihnen in ihrem Lebensumfeld nur selten die Gelegenheit gegeben, ihrem Groll, ihrer Wut und ihrem Zorn freien Lauf zu lassen. Aufgrund der einsamkeitsbedingten und ressentimentalen Reduzierung der Rollenvielfalt minimiert sich zugleich auch die »pazifizierende Wirkung wechselnder Konfliktfronten«[35]. Damit eröffnet sich in der funktionalen Korrelation von Einsamkeit und Ressentiment eine sehr dynamische Konfliktkaskade: je weniger Rollen, desto weniger Konflikte → je weniger Konflikte, desto intensiver die Konflikte → je intensiver die Konflikte, desto härter die Konflikte → je härter die Konflikte, desto kompromissloser die Konflikte → je kompromissloser die Konflikte, desto niedriger die »Triggerpunkte«[36]. In diesen Fällen dürfte der vollständige Kontaktabbruch seitens ressentimentgeladener Personen auch außerhalb des konkreten Konflikts eher die Regel denn die Ausnahme bilden. Einsame und ressentimentgeladene Menschen füllen also ihre gesellschaftlichen Rollen nicht mehr entlang der bisher generalisierten Verhaltenserwartungen in einer Vielzahl von gesellschaftlichen Lebensbereichen aus. Sie sind nicht mehr zu einem »routinierten Umgang mit Unbekannten« bereit oder in der Lage. Sie begegnen ihren Mitmenschen auch gerade nicht mehr »in unproblematischer Fremdheit« oder bestenfalls mit »Nichtbeachtung«, sondern einsame und ressentimentgeladene Per-

35 Kaube/Kieserling, *Die gespaltene Gesellschaft*, S. 46.
36 Mau/Lux/Westheuser, *Triggerpunkte*, S. 245 f.

sonen sehen häufiger den gesellschaftlichen Zusammenhalt gefährdet, vertrauen Mitmenschen weniger und betrachten andere eher feindselig.[37] An die Stelle von persönlicher »Indifferenz und Minimalsympathie« tritt nicht selten schroffe Distanz und Ablehnung, die bis hin zur gewalttätigen Maximalkonfrontation führen. Im politischen Bereich reichen die dysfunktionalen Handlungsformen der demokratischen Integrationsverluste von der Wahlenthaltung bis zur Wahl extremistischer Parteien, von Shitstorm über die Gewaltdrohung bis in den Terrorismus.

Sicherlich, auch durch die ungute Verbindung von Einsamkeit und Ressentiment wird die Gesellschaft der Bundesrepublik nicht auseinanderbrechen. Doch die Korrelation von Einsamkeit und Ressentiment wirkt sich dysfunktional auf die gesellschaftliche Integration der Bundesrepublik aus. Antidemokratische Kräfte haben ein leichtes Spiel, die Gefühle erlebten Beziehungsmangels zu Mitmenschen oder gar der ganzen Gesellschaft, der realen oder wahrgenommenen Diskriminierung und Erniedrigung zu instrumentalisieren und die Betroffenen in ihrem Leid und ihrer »verrückten« Weltsicht zu bestärken. Dieser Umstand mahnt deutlich, an der Entwicklung einer gesellschaftlichen und demokratischen Strategie zu arbeiten, wie man mit Einsamkeit und Ressentiment konstruktiv umgehen kann: Es kommt auf den Versuch an, vereinsamte und ressentimentgeladene Menschen in unterschiedlichen Rollen in unterschiedlichen Lebensbereichen anzusprechen, um die »pazifizierende Wirkung von wech-

37 Neu/Küpper, »Einsamkeit, Feindseligkeit und Populismus«, S. 345.

selnden Konfliktfronten« und die »konfliktdämpfende Funktion«[38] von Institutionen (wieder) zur Geltung zu bringen, um gesellschaftlichen und demokratischen Integrationsverlusten zu begegnen.

38 Kaube/Kieserling, *Die gespaltene Gesellschaft*, S. 48.

# VI Sozialer Raum

Räume strukturieren Zugänge zu Gütern und Dienstleistungen, Handlungs- und Teilhabemöglichkeiten – einerseits manifest durch Architektur, Infrastruktur, Geografie und andererseits latent durch Erzählungen und Gefühle. So können fehlende Gelegenheitsstrukturen im Wohnumfeld Einfluss auf soziale Isolation und Einsamkeit nehmen. Zugleich erscheint einsamen Menschen aber ihre Umwelt weniger vertrauenswürdig. In den vergangenen Jahrzehnten sind vermehrt Orte des Ressentiments entstanden: Völkische Siedler betreiben in peripheren ländlichen Räumen rechte Landnahme. In den Nachwendejahren haben Neonazis in Ostdeutschland »national befreite Zonen« und Angsträume geschaffen. In aggressiven rechtspopulistischen bis zu rechtsextremen Diskursen und Kampagnen geht es darum, den vermeintlich »angestammten Raum« zurückzuerobern oder vor »Überfremdung« durch Migrantinnen und Migranten »zu bewahren«; und die Wahlerfolge der AfD zeigen durchaus regionale Verteilungsmuster. Auch Verlustnarrative über »abgehängte« Regionen mehren sich. Dass ein Zusammenhang zwischen (der Wahrnehmung der) Raumstruktur und der politischen Einstellung besteht, belegen jüngst die Ergebnisse des *Deutschland-Monitor '23*: »Das Empfinden, der eigene Lebensraum werde benachteiligt, hat Auswirkungen auf das politische Bewusstsein. Wer sich ›abgehängt‹ fühlt, neigt etwa eher zu populistischen Einstellungen. Und wer ein starkes ›Abgehängtsein‹ empfindet, ist tendenziell auch mit dem Funktionieren der Demokratie sehr unzufrieden.«[1] So lassen sich nicht nur Regionen nachzeichnen, die der Demokratie zunehmend skeptisch gegenüberstehen, sondern auch Orte an denen sich Menschen einsam und gesellschaftlich unverbunden fühlen. Unterschiedliche raumwirksame Handlungsfelder können hier aufgerufen werden, um auf diese Entwicklung zu reagieren: ein entschiedenes Eintreten für die Gleichwertigkeit der Lebensverhältnisse, für attraktive öffentliche Räume und soziale Orte, die zum Verweilen und zur gemeinsamen Kommunikation einladen.

## Orte der Einsamkeit

Erst in jüngster Zeit wird dem Zusammenhang von Raumstrukturen und Einsamkeit größere Aufmerksamkeit geschenkt.[2] So lassen sich nicht nur weltweit regionale Unterschiede im Einsamkeitserleben feststellen, sondern auch innerhalb von Nationen. Im europäischen Vergleich wiesen die ost-, süd- und südosteuropäischen Länder vor der Pandemie hohe Isolations- und Einsamkeitswerte auf, wohingegen die

1 Zentrum für Sozialforschung/Institut für Politikwissenschaften/GESIS, *Deutschland-Monitor '23 – Kurzbericht*, S. 4.

2 Neu, *Place Matters!*; Neu/Küpper; »Einsamkeit, Feindseligkeit und Populismus«; Luhmann/Bücker/Rüsberg, »Loneliness across Time and Space«; Bücker/Ebert/Götz/Entringer/Luhmann, »In a Lonely Place«.

west- und nordeuropäischen Länder weniger von Isolation und Einsamkeit berichteten.[3] Bisher ist nicht eindeutig geklärt, woher diese nationalen Unterschiede resultieren. Vermutet wird, dass neben individuellen Faktoren – beispielsweise Gesundheit, Bildungsabschluss, Familienstand – länderspezifische Kontexte wie ökonomische Lage, Werte und Normen für Vereinsamung eine entscheidende Rolle spielen. Soziale Erwartungen an Gemeinschaft und Geselligkeit könnten ursächlich für unterschiedlich starkes Einsamkeitserleben sein. So legen die skandinavischen Länder großen Wert auf Individualität und Selbstentfaltung, die ost- und süd(ost) europäischen Länder orientieren sich stärker an traditionellen und gemeinschaftlichen Werten. Werden diese sozialen Erwartungen an starke soziale Bindungen nicht (mehr) erfüllt, so kann dies insbesondere zu sozialer Isolation und Gefühlen der Einsamkeit führen.[4] Auswertungen mit dem European Social Survey konnten darüber hinaus für die Länder des ehemaligen Ostblocks nachweisen, dass die hohen Einsamkeitswerte (bei älteren Menschen) in Zusammenhang mit einem geringen Vertrauen in andere Menschen und Institutionen sowie sozialem Rückzug einhergehen.[5]

Der hohe Veränderungsdruck durch sozialen, ökonomischen und demografischen Wandel spielte offensichtlich auch in den 2010er Jahren für die regionalen Einsamkeitsmuster in

3 Vgl. hierzu und zum Folgenden d'Hombres/Barjaková/Schnepf, »Loneliness and Social Isolation«, S. 6 ff.

4 Ebd., S. 6.

5 Rapolienė/Aartsen, »Lonely Societies«.

Deutschland eine wichtige Rolle.[6] Allerdings folgte die Verteilung von Einsamkeit im Raum keinem einheitlichen Muster. Denn einerseits wiesen die von Strukturschwäche gezeichneten ländlichen Räume des Nordwestens, Mitteldeutschlands oder Bayerns überdurchschnittlich hohe Einsamkeitswerte auf. Andererseits fühlten sich beispielsweise Menschen in ländlichen Räumen – etwa im ländlichen Bayern – besonders wenig einsam. Höhere Einsamkeitswerte schienen mithin nicht von Bevölkerungsdichte oder Stadt-Land-Unterschied beeinflusst zu sein, sondern eher von der Geschwindigkeit des sozialen und demografischen Wandels sowie dem Grad der Abgelegenheit einer Region. Es verwundert daher nicht, dass sich für Ostdeutschland – sicher auch aufgrund seiner weitläufigen vom demografischen Wandel gezeichneten ländlichen Räume – bis heute etwas höhere Einsamkeitswerte belegen lassen als für die westlichen Landesteile.[7] Werden jedoch einzelne Altersgruppen betrachtet, so zeigen sich auch abweichende Ergebnisse: Die Untersuchungen im Rahmen des Alterssurvey wiesen in den Jahren 2014 bis 2020 und 2021 für Westdeutsche in der zweiten Lebenshälfte (ab 45 Jahre) hingegen höhere Einsamkeitswerte nach als für ältere Ostdeutsche. Die Ergebnisse im Alterssurvey fanden indes keine statistisch bedeutsamen Unterschiede im Hinblick auf die Einsamkeit zwischen Stadt und Land in der zweiten Lebenshälfte.[8] Für Jugendliche hingegen können ländliche Räume

6 Vgl. hierzu und zum Folgenden Bücker/Ebert/Götz/Entringer/Luhmann, »In a Lonely Place«.

7 Neu/Küpper, »Einsamkeit, Feindseligkeit und Populismus«, S. 339.

8 Wünsche/Tesch-Römer, »Menschen in der zweiten Lebenshälfte«, S. 4 f.

durchaus zu Orten der Einsamkeit werden, wie die Studie *Extrem einsam?* belegt. In der Studie »Einsamkeit unter Jugendlichen in NRW nach der Pandemie« fühlen sich Jugendliche, die im ländlichen Raum leben, hingegen etwas weniger einsam als Jugendliche in der Stadt.[9]

Verkleinern wir die räumliche Betrachtungsperspektive noch etwas und blicken auf das unmittelbare Wohnumfeld und die Nachbarschaft, dann legen neuere Studienergebnisse nahe, dass infrastrukturelle Gelegenheitsstrukturen wie Freizeitangebote, Grünanlagen und Begegnungsorte Einfluss auf Einsamkeits- und Isolationserleben nehmen können.[10] In den vergangenen Jahren wies das American Enterprise Institute immer wieder auf den Zusammenhang zwischen dem Niedergang des öffentlichen Raumes und der amerikanischen »Einsamkeits-Epidemie« hin.[11] Daniel Cox and Ryan Streeter berichteten im Jahr 2019, dass Amerikanerinnen und Amerikaner, die in der Nähe von Gemeinschaftseinrichtungen wie Parks, Bibliotheken, Restaurants und Theatern wohnten, deutlich zufriedener mit ihrer Nachbarschaft waren, mehr Vertrauen in ihre Mitmenschen hatten und vor allem weit weniger einsam waren, unabhängig davon, ob sie in Großstädten, Vororten oder Kleinstädten lebten.[12] Darüber hinaus betrach-

9 Neu/Küpper/Luhmann, *Extrem einsam?*; Luhmann/Brickau/Schäfer/Mohr/Schmitz/Neumann/Steinmayr, *Einsamkeit unter Jugendlichen in NRW*.

10 Bücker/Ebert/Götz/Entringer/Luhmann, »In a Lonely Place«; Lyu/Forsyth, »Planning, Aging, and Loneliness«; Neu/Küpper; »Einsamkeit, Feindseligkeit und Populismus«, S. 339 f.

11 Abrams, »On the Importance of Public Spaces«.

12 Vgl. hierzu zum Folgenden Cox/Streeter, *The Importance of Place*.

teten die Bewohnerinnen und Bewohner von Vierteln mit guter Infrastrukturausstattung – wie etwa Gemüseläden, Parks, Bibliotheken oder Cafés – ihre Gemeinde eher als einen hervorragenden Ort zum Leben, an dem sie sich auch nachts sicher fühlten. Zudem zeigten sie ein größeres Interesse am Geschehen in ihrer Nachbarschaft. Die Amerikanerinnen und Amerikaner, die in Gemeinden mit weniger guter Wohnausstattung lebten, waren hingegen mit einer viel größeren Wahrscheinlichkeit von sozialer Isolation betroffen. Tatsächlich belegten die Untersuchungsdaten, dass selbst nach Berücksichtigung der sozialen Schicht, der Bildung, des Geschlechts und der ethnischen Zugehörigkeit der Zugang zu öffentlichen Gütern und Dienstleistungen in der Lage war, die Zufriedenheit mit der Gemeinschaft, das soziale Vertrauen und die soziale Isolation vorherzusagen.[13] Dabei spielte der Wohnort eine eher untergeordnete Rolle. Die Nähe und die Vielfalt der öffentlichen Infrastrukturen und Freizeitangebote war wichtiger als die Frage, ob man mitten in einer Großstadt, in einem Vorort oder in einer Kleinstadt wohnte. Aber nicht nur weniger öffentliche Räume führen zu weniger sozialen Interaktionen, sondern auch die wahrgenommene Wohnsituation im Viertel nimmt direkten Einfluss auf die Kontakthäufigkeit zur Nachbarschaft.[14] So unterhalten Menschen, die in bescheideneren Wohnlagen leben, weniger häufige und gute Kontakte

13 In Deutschland scheint dieser Zusammenhang nicht, für alle Altersgruppen gleichermaßen zu gelten – vgl. Luhmann/Bücker, »Einsamkeit und soziale Isolation«, S. 54; Cihlar/Reinwarth/Lippke, »Einsamkeit im Alter«.

14 Reutlinger/Stiehler/Lingg, *Soziale Nachbarschaften*; Cox/Streeter/Wilde, *A Loneliness Epidemic?*, S. 12.

zu ihren Nachbarinnen und Nachbarn. In einer weiteren Untersuchung des American Enterprise Institutes berichteten im Jahr 2019 mehr als die Hälfte der Bewohnerinnen und Bewohner (58 %), die in sehr gut ausgestatteten Quartieren lebten, von regelmäßigen Kontakten und Gesprächen mit ihren Nachbarinnen und Nachbarn. In weniger gut ausgestatteten Wohngegenden sagten dies nur 39 %.

Fehlende Gelegenheitsstrukturen können mithin soziale Isolation und Einsamkeit »produzieren«. Doch wie bereits im dritten Kapitel gezeigt werden konnte, ist Einsamkeit keine Einbahnstraße: Sie beeinflusst ihrerseits wiederum die Wahrnehmung der sozialen Umwelt. Menschen, die unter langanhaltender Einsamkeit leiden, beginnen nicht nur ihre Mitmenschen argwöhnischer zu betrachten und verlieren das Vertrauen in demokratische Institutionen. Vielmehr nehmen sie auch ihre Umwelt als unwirtlicher wahr. Bereits im Jahr 2019 belegte eine englische Studie, dass einsame Jugendliche die *collective efficancy* (kollektive Wirksamkeit) in ihrer Gemeinde geringer als die übrigen Jugendlichen bewerteten. Darüber hinaus schätzten sie nicht nur den Zusammenhalt in der Gemeinde schwächer als nichteinsame Jugendliche ein, sondern auch die Fähigkeit der Gemeindemitglieder, für eine sichere Wohnumgebung zu sorgen, etwa damit Kinder auf der Straße spielen können.[15] Jugendliche und Erwachsene in Deutschland fühlen sich ebenfalls in ihrer Umgebung, in privaten wie öffentlichen Räumen, unwohler als nichteinsame Men-

15 Matthews/Odgers/Danese/Fisher/Newbury/Caspi/Moffit/Arseneault, »Loneliness and Neighborhood Characteristics«.

schen.[16] Zugleich können Einsame auch weniger Orte nennen, an denen sie sich gern aufhalten. In der Studie *Extrem einsam?* gaben vier Fünftel (82 %) der nichteinsamen Jugendlichen an, einen Wohlfühlort zu haben. Für einsame Jugendliche trifft dies nur bei etwas mehr als Zweidritteln (69 %) zu. Kein solcher Wohlfühlort existierte für immerhin ein Fünftel der befragten einsamen Jugendlichen. An der Spitze der als am angenehmsten empfundenen Orte liegt das eigene Zuhause, allerdings für einsame deutlich weniger häufig (37 %) als für nichteinsame Jugendliche (45 %). Besonders deutlich fallen die Unterschiede aus, wenn nach Orten gefragt wird, an denen die Jugendlichen sich unwohl fühlen: Mehr als die Hälfte der einsamen jungen Menschen (60 %) kennt solche Orte, im Vergleich zu lediglich 39 % der nichteinsamen Jugendlichen. Durchschnittlich geben 44 % aller Jugendlichen »Unwohlorte« an. Spitzenreiter der Unwohlorte sind bei allen Jugendlichen Schule, Universität und Arbeitsplatz. Zu vergleichbaren Ergebnissen kommt auch die aktuelle Mitte-Studie: Einsame Erwachsene haben weniger Wohlfühlorte, zugleich berichten sie sowohl von mehr öffentlichen wie privaten Orten, an denen sie sich unwohler fühlen als nichteinsame Menschen. Das eigene Zuhause bleibt auch für Einsame der angenehmste Ort, doch sagen dies nur 72 % der Einsamen im Vergleich zu 95 % der Nichteinsamen.[17]

16 Vgl. hierzu und zum Folgenden Neu/Küpper/Luhmann, *Extrem einsam?*, S. 37 f.

17 Neu/Küpper, »Einsamkeit, Feindseligkeit und Populismus«, S. 320 ff.

## Orte des Ressentiments

Extremismus und Raum hatten schon immer eine sehr enge Verbindung.[18] Der »Kampf um Raum« ist ein elementarer Bestandteil extremistischer Weltanschauung, der seinen Niederschlag ebenso in der nationalsozialistischen »Blut und Boden«-Ideologie findet wie zuletzt im vom Medienhaus CORRECTIV[19] im Januar 2024 aufgedeckten »Geheimplan« von Rechtsextremistinnen und Rechtsextremen sowie der AfD zur sogenannten »Remigration« und Deportation von Millionen von Ausländerinnen und Ausländern sowie deutschen Staatsbürgerinnen und Staatsbürgern mit einer Migrationsgeschichte. Das extremistische Weltbild baut auf einem geschlossenen dichotomen geografischen wie sozialen Raumbild auf, das sich klar durch Schemata von Freund/Feind, eigen/fremd, innen/außen orientiert. So beruht die vermeintlich völkische Identität auf einer homogenen Eigengruppe, die permanent durch ein fremdes und gefährliches Außen bedroht wird.[20] In den vergangenen Jahrzehnten hat der virtuelle Raum für populistische und extreme Ansichten und die Verbreitung von Verschwörungserzählungen, Hass und Propaganda ganz neue Möglichkeiten geschaffen. Der digitale Extremismus findet längst nicht mehr in den Tiefen des Darknet statt. Vielmehr wird er offen über Messengerdienste und Internetseiten ausgelebt und durch die Algorithmen von sozialen Medien und künstliche Intelligenz sogar noch be-

18 Mullis/Miggelbrink, »Rechtsextremismusforschung«.
19 CORRECTIV, »Geheimplan gegen Deutschland«.
20 Mullis/Miggelbrinck, »Rechtsextremismusforschung«.

günstigt. Die Studie von Maik Fielitz und Holger Marcks[21] zum *digitalen Faschismus* zeigt, wie die extreme Rechte ihre (politische) Dynamik in den sozialen Medien aus einer digitalen *Hate Culture* und nicht aus einer klassischen Parteistruktur heraus entwickelt. Die Kombination aus *Hate Culture* und Algorithmen bewirkt, dass rechtsextreme Aktionen und Organisationen im Netz besonders erfolgreich sind. Doch die extreme Rechte verbreitet ihre Desinformationen und Hassbotschaften nicht nur im digitalen Raum (digitaler Faschismus), sondern agiert sehr konkret im Lokalen: Völkische Siedler schaffen sich ihre Enklaven in peripheren ländlichen Räumen. Mittels Immobilienkäufen verbreitern rechte Akteurinnen und Akteure ihre Präsenz vor Ort oder schaffen durch gezielte Gewaltanwendung gegen Minderheiten Angsträume. Judith Miggelbrink und Daniel Mullis kommen zu dem Urteil: »Wenn sich also rechtsextreme Parteien und Organisationen auf Bundesebene konstituieren, wenn rechtsextremer Hass gegen People of Color, Migrant:innen, Menschen jüdischen Glaubens, queere Personen und politisch Andersdenkende in mitunter tödliche Gewalt umschlägt, wenn also die extreme Rechte in die mediale und öffentliche Aufmerksamkeit rückt, dann ist vor Ort meist schon sehr viel passiert.«[22] In den vergangenen Jahren konnte – nicht allein in Ostdeutschland, wenn auch verstärkt dort – beobachtet werden, wie Dörfer, öffentliche Plätze, Vereine oder Nachbarschaften zu Orten dominanter rechter Hegemonie wurden, wo ein Mikroklima

21 Fielitz/Marcks, »Digital Fascism«.

22 Miggelbrink/Mullis, »Das Lokale, Subjektivierung und die extreme Rechte«, S. 19.

der Angst herrschte und jede Gegenöffentlichkeit erstickt und wie bei rechter Gewalt weggeschaut oder gar heimlich applaudiert wurde. Doch im Lokalen, in Quartieren und Dörfern entsteht eben auch zivilgesellschaftliche Gegenwehr, die erfolgreich die rechte »Raumnahme« zurückdrängen. Allerdings werden Lokalisierungsstrategien auch herangezogen, um die »Rechten«, die »Nazis«, die »AfD-Wähler« von der vermeintlich bürgerlichen Mitte, den aufrechten Demokratinnen und Demokraten und den Wohlmeinenden diskursiv abzutrennen. Doch völkische Überzeugungen, autoritäre Haltungen und extremistische Mentalitäten sind eben nicht immer woanders, sie finden sich nicht nur in Ostdeutschland, auf dem Land oder im Dunkeln.[23] Ihre Einstellungen sind mittlerweile sehr weit in die Mitte der Gesellschaft vorgerückt, wie seit Jahren die Mitte-Studien und die Leipziger Autoritarismus-Studie belegen.[24]

Für die hier verhandelte mögliche gegenseitige Aufschichtung von Einsamkeit und Ressentiment sowie die damit verbundene Anfälligkeit für antidemokratische Haltungen lohnt es sich, auf die gefühlspolitische Arbeit der Populisten und Rechtsextremen zu schauen. Lautstark öffentlich vertretene (nationalsozialistische) »Rassenlehre« und Vernichtungsfantasien sind zugunsten einer stärkeren Betonung von Gefahren und Bedrohung zurückgetreten, die vermeintlich von einer migrantischen, diversen und offenen Gesellschaft für die weißen, einheimischen Bürgerinnen und Bürger ausgehen. Dis-

23 Strick, *Rechte Gefühle*, S. 16.

24 Aktuell Zick/Küpper/Mokros, *Die distanzierte Mitte*; Decker/Kiess/Heller/Brähler, *Autoritäre Dynamiken in unsicheren Zeiten*.

kurse um mehr Geschlechtergerechtigkeit werden zu Diskriminierungskampagnen gegen Männer umgedeutet. *Political correctness* mutiert zur Gefahr für die öffentliche Meinung und das Lastenrad zum Symbol der Bevormundung urbaner Hippster über die Landbevölkerung. Politiken und Praxen, die Ungleichheit begegnen sollen wie Antidiskriminierung und Gendersternchen, arbeiten rechte Akteurinnen und Akteure diskursiv zu Bedrohungsszenarien für die arrivierte bürgerliche Mehrheit um. Diese Erzählungen sind damit unmittelbar anschlussfähig an die diffusen Krisenwahrnehmungen, Bedrohungs- und Zurücksetzungsgefühle vieler Menschen. Simon Strick nennt dies »reflexiven Faschismus«[25], da sich die neuen rechtsextremen Ideologien eben nicht ausschließlich revisionistisch oder allein traditionell gerieren, sondern sich perfekt an die neoliberale Flexibilisierung der postkapitalistischen Gesellschaften – vor allem in ihren analogen wie digitalen Kommunikationsformen – angepasst haben. »Diese wirksamen rechten Gefühle und ihre offensichtliche Attraktivität führen zu der Annahme, dass die reflexiven Faschist*innen sich nicht ausschließlich aus unbelehrbaren Überlegenheitsfanatiker*innen und autoritätsfixierten Totalitären rekrutieren. Seine Subjekte werden mittels ›Betroffenheit‹ auf andere Weise angerufen, als konventionelle Erklärungen zu Totalitarismus und Ideologie es impliziert [...].«[26] So müssen sich die Menschen entweder gar nicht explizit auf die menschenfeindlichen Ideologien beziehen, oder sie können sie schlichtweg ignorieren. Denn sie fühlen sich in ihrer Betrof-

25 Vgl. hierzu und zum Folgenden Strick, *Rechte Gefühle*, S. 127 ff.
26 Ebd., S. 129.

fenheit, ihrer Vereinsamung, ihrem Groll, ihrem Abgehängtsein angesprochen und bestärkt. Populistinnen und Rechtsextreme vermitteln den Eindruck, die Einsamen und Wütenden mit ihren Sorgen, ihrem Leid und ihrem Hass ernst zu nehmen. Endlich hört ihnen jemand zu. Sie sind gemeint. Dieses Gefühl verstärkt sich durch das gemeinschaftsstiftende Erlebnis nun auch von anderen, den Eliten und Besserwissern, wahrgenommen zu werden. Ihr Kreuzchen auf dem Wahlzettel macht den Unterschied.

In der aktuellen Debatte um das Erstarken rechtsextremer Einstellungen und AfD-Wahlerfolge wird national und international besonderes Augenmerk auf die Verbindung von Gefühlen des »Abgehängtseins« und rechtspopulistischen sowie rechtsextremen Haltungen gerichtet. Andrés Rodríguez-Pose mahnte bereits 2017 die »Rache der Orte, die nicht zählen« an.[27] Arlie Russel Hochschild besuchte einige Jahre zuvor den tiefen Süden der Vereinigten Staaten und berichtete in ihrem eindringlichen Buch *Fremd in ihrem Land* [28] von Menschen, die sich den amerikanischen Rechten angeschlossen haben, weil ihre Lebensträume geplatzt sind oder sie nichts mehr vom Staat erwarten (dürfen). So speist sich das Gefühl des (regionalen) Abgehängtseins aus der Wahrnehmung und der Erfahrung, dass die eigene Region nicht mehr mit der allgemeinen Entwicklung mithalten kann und sich die Politik auch weder sonderlich für deren Probleme interessiert noch für ein besseres (wirtschaftliches) Fortkommen einsetzt. Das Gefühl des Abgehängtseins umfasst unterschiedliche Sub-

27 Rodríguez-Pose, »The Revenge of the Places that Don't Matter«.
28 Hochschild, *Fremd in ihrem Land*.

dimensionen.[29] Der *Deutschland-Monitor '23* unterteilt in vier Formen des Abgehängtseins:[30] die politisch-repräsentative (»Die Politikerinnen und Politiker in Berlin interessieren sich nicht für meine Region«), kulturelle (»Die Menschen im Rest Deutschlands respektieren nicht, wie die Menschen in unserer Region leben«), wirtschaftspolitisch-distributive (»Die Politik hat zu wenig getan, die Situation in meiner Region zu verbessern«) und schließlich die wirtschaftliche Dimension (»Meine Region ist wirtschaftlich schlechter entwickelt als andere Regionen«). Die Mehrheit der Deutschen fühlt sich weder kulturell noch wirtschaftlich abgehängt. Lediglich 13 % sehen sich kulturell und 17 % wirtschaftlich nicht angemessen berücksichtigt und anerkannt. Bei den Dimensionen politisch-repräsentativ und wirtschaftspolitisch-distributiv sieht es hingegen schon etwas anders aus: Hier betrachtet sich nur noch jeweils ein Drittel als nicht und ein Drittel als abgehängt, ein Drittel ist sich nicht sicher. Werden die vier Dimensionen zu einem additiven Mittelwert-Index zusammengefasst, dann sagen immerhin 21 % der Befragten, dass sie sich in ihrer Region abgehängt fühlen, und 6 % empfinden sich als stark abgehängt. Besonders deutlich wird der Zusammenhang zwischen wirtschaftlicher Prosperität einer Region

29 Andreas Klärner, Torsten Osigus und Larissa Deppisch unterscheiden zwischen drei Dimensionen: 1. dem infrastrukturellen Abgehängtsein als Folge der De-Infrastrukturalisierung, 2. dem wirtschaftlichen Abgehängtsein als Folge von geringem Wirtschaftswachstum sowie 3. dem kulturellen Abgehängtsein traditionell denkender Menschen – vgl. Klärner/Osigus/Deppisch, »›Gefühle des Abgehängtseins‹«, S. 1.

30 Vgl hierzu und zum Folgenden Zentrum für Sozialforschung/Institut für Politikwissenschaften/GESIS, *Deutschland-Monitor '23*, S. 85 ff.

und den Gefühlen des Abgehängtseins: Menschen, die in Regionen mit geringer Prosperität leben, berichten erwartungsgemäß häufiger davon. In Ostdeutschland beschreiben sich die Menschen mehr als doppelt so häufig als abgehängt (19 %) als in Westdeutschland (8 %); und selbst in ostdeutschen Regionen mit hoher Prosperität liegen die Werte deutlich über den Werten für prosperierende Regionen im Westen. Die Erfahrung des beschleunigten demografischen und wirtschaftlichen Wandels schlagen auch hier – wie wir bereits bei der regionalen Verteilung von Einsamkeit gesehen haben – zu Buche. Besonders Alter und Abwanderung sowie die Unzufriedenheit mit der Infrastrukturausstattung am Wohnort wirken auf die Beurteilung der regionalen Lage. Wer etwa sehr unzufrieden mit der Erreichbarkeit von Kultur- und Freizeiteinrichtungen ist, wer fürchtet nicht auf der Sonnenseite des Lebens zu stehen und sich von sozialem Abstieg bedroht sieht sowie die (wirtschaftliche) Entwicklung der Region nicht positiv wahrnimmt, zeigt stärkere Gefühle des Abgehängtseins. Einerseits entziehen sich die vorgestellten Ergebnisse vorschneller Einschätzung von Ost/West- oder Stadt/Land-Unterschieden, denn weder sind ländliche Räume per se abgehängt, noch fühlt sich der gesamte Osten depriviert. Andererseits speisen sich Gefühle des Vergessenwerdens doch auch aus der Erfahrung von Abwanderung und Alterung, Infrastrukturabbau und geringerer wirtschaftlicher Entwicklung. Das Erleben der objektiven wie subjektiven Benachteiligung des eigenen Lebensraumes schlägt sich auch im politischen Bewusstsein nieder: Menschen, die sich als abgehängt wahrnehmen, neigen etwas eher zu populistischen Einstellungen. Wer dieses Gefühl sehr stark teilt, ist tendenziell auch mit dem Funktionieren der Demokratie sehr unzufrieden. Im Hinblick auf ihre Parteienpräferenz befragt, sehen sich die Anhängerinnen und Anhänger der Grünen am wenigsten und die der AfD in besonderem Maße regional benachteiligt.

Aus diesem Ergebnis könnte man schließen, dass Anhängerinnen und Anhänger der AfD insbesondere in den entlegenen ländlichen Räumen Ostdeutschlands zu finden sind. Neuere Arbeiten[31] legen jedoch nahe, einen differenzierten Blick auf den Zusammenhang von Raum und Wahlerfolgen der AfD zu legen. Unzweifelhaft zeigen die Wahlerfolge der AfD »regionale Muster«. Hier erwies sich bei der letzten Bundestagswahl besonders der »Ost-Bonus«[32] als stabil. Aber es lässt sich kein linearer Zusammenhang zwischen Wahlerfolgen der AfD und Ländlichkeit bzw. ein klarer Stadt-Land-Unterschied ableiten. Vielmehr scheinen nicht primär die peripheren ländlichen Räume für rechte Haltungen anfällig zu sein, sondern eher die weniger ländlichen: So waren etwa die sächsischen Kreise, in denen die AfD bei der Bundestagswahl 2021 besonders viele Zweitstimmen gewann, eher weniger ländlich geprägt.[33] Allerdings gewann die AfD bei der Bundestagswahl 2021 im Unterschied zur Bundestagswahl 2017 in Westdeutschland etwas stärker in sehr ländlichen Ge-

31 Stroppe/Jungmann, »Stadt, Land; Wahl«; Deppisch/Klärner/Osigus, »Ist die AfD in ländlichen Räumen besonders erfolgreich?«; Deppisch, »Wo sich Menschen auf dem Land abgehängt fühlen«.

32 Stroppe/Jungmann, »Stadt, Land, Wahl«.

33 Stroppe/Jungmann, »Stadt, Land, Wahl«, S. 54; Deppisch/Klärner/Osigus, »Ist die AfD in ländlichen Räumen besonders erfolgreich?«; Deppisch, »Wo sich Menschen auf dem Land abgehängt fühlen«.

meinden.[34] Zudem finden sich Belege für diese Annahme, dass die AfD am ehesten dort gewählt, wo der Zugang zu öffentlichen Dienstleistungen schlecht ist, nicht aber zwingend in kleinen und ländlichen Kommunen.[35] Auch die jüngste Mitte-Studie kommt zu dem Ergebnis, dass der Sozialisationsort – also ob man in Ost- oder Westdeutschland aufgewachsen ist – entscheidender für die demokratische Grundhaltung als der aktuelle Wohnort ist: Unter den in Ostdeutschland sozialisierten Bürgerinnen und Bürgern liegt der Anteil der Zustimmung bei allen Subdimensionen des Rechtsextremismus (Antisemitismus, Fremdenfeindlichkeit, Sozialdarwinismus etc.) höher als bei in Westdeutschland sozialisierten Bürgerinnen und Bürgern.[36]

So sind es also nicht der Siedlungstyp, sondern vielmehr die (Wahrnehmung der) wirtschaftlichen Prosperität eines Stadtviertels, einer Gemeinde oder Kreises, die Wahlerfolge der AfD schüren. Damit spielen sowohl die sozio-ökonomi-

34 Die Untersuchung verwendete die sogenannte Thünen-Typologie: Zum einen wird die Dimension Ländlichkeit genutzt, um ländliche von nichtländlichen Regionen abzugrenzen und um innerhalb dieser Raumkategorie zwischen eher ländlichen und sehr ländlichen Räumen zu unterscheiden – vgl. Klärner/Osigus/Deppisch, »›Gefühle des Abgehängtseins‹«, S. 1f.

35 Diermeier, »Ist mehr besser?«. In einer von Anne-Katrin Stroppe und Nils Jungmann gerechneten multivariaten Analyse (Ost/West, Ländlichkeit, Entfernung zu Daseinsvorsorge, Medianeinkommen) bleibt nur der Faktor Ostdeutschland signifikant, d.h., in Ostdeutschland zu wohnen, geht mit einer höheren Wahrscheinlichkeit einher, AfD zu wählen. Alle anderen Faktoren sind nicht mehr signifikant, ggf. weil Ländlichkeit, Daseinsvorsorge und Einkommen stark interkorreliert sind – vgl. Stroppe/Jungmann, »Stadt, Land, Wahl«, S. 54.

36 Zick/Mokros, »Rechtsextreme Einstellungen in der Mitte«, S. 81ff.

sche Lage als auch die Deutung der Situation eine entscheidende Rolle bei der Verfestigung antidemokratischer Haltungen. Gefühle des persönlichen Kontrollverlustes, der politischen Machtlosigkeit, der Vereinsamung und Enttäuschung können anfällig machen für Ressentiment und Abwertung sozial als »anders« markierter Gruppen und öffnen damit einen Kanal für die (Deutungs-)Angebote rechter Parteien. Vermeintliche rechte Kümmerer-Strukturen, die infrastrukturelle Lücken zu schließen vorgeben, sind perfekt abgestimmt auf die Verlustnarrative, die sich in ländlichen Räumen seit Jahren verbreiten.[37]

## Soziale Orte

Raum und Gefühle sind – wie gesagt – eng miteinander verbunden. Die eigene Wohnung oder das eigene Zuhause ist für die meisten Menschen ihr Wohlfühlort. Eine attraktive Gestaltung des öffentlichen Raumes mit Cafés, Grünanlagen, Licht und Sauberkeit veranlasst Menschen, gern dort zu verweilen und sich sozialem Kontakt zu öffnen. Im umgekehrten Fall können unbewältigter regionaler Strukturwandel und hohe Abwanderungsraten (vor allem von jungen Menschen) Isolation, Einsamkeit und ein Gefühl des Abgehängtseins erzeugen. Des Weiteren verstärken fehlende Freizeitgelegenheiten und die Abwesenheit bzw. weite Entfernung zu daseinsvorsorgenden Einrichtungen diese Gefühle. Im schlimmsten Fall

37 Naumann, »Infrastruktureller Populismus«; Neu, »Ungleiches Land«, S. 246 f.

gipfelt dies in verstärkten Neigungen zu antidemokratischen Haltungen. Daher bleibt es aktuell und zukünftig von hoher politischer Dringlichkeit, die Herstellung gleichwertiger Lebensverhältnisse und die Sicherung der infrastrukturellen Daseinsvorsorge intensiv weiter zu verfolgen, um gesellschaftliche Teilhabemöglichkeiten, Mitwirkung und Begegnung zu ermöglichen. Darauf werden wir im siebten Kapitel zurückkommen, das den möglichen Antworten demokratischer Politik auf Einsamkeit und Ressentiment gewidmet ist. Im Zentrum der Gestaltung von Präventions- und Interventionsangeboten gegen Einsamkeit und Ressentiment steht insbesondere auch die lokale Ebene. Menschen gestalten und erleben Zusammenhalt vor allem im Nahraum. Soziale Orte spielen hier eine ganz entscheidende Rolle im öffentlichen Leben, denn sie ermöglichen Mitwirkung, Teilnahme oder auch nur Zuschauen auf unterschiedlichen Ebenen. Einmal bei einem Grillfest der Freiwilligen Feuerwehr oder dem Weihnachtssingen im Mehrgenerationenhaus vorbeizuschauen, kann ein schwerer Angang für einsame Menschen sein, aber ist vielleicht doch ein Anfang. Allerdings bleibt zu beachten, dass es Einsamen nicht »nur« an »mehr« Kontakten mangelt. Vielmehr erleben viele einsame Menschen, ganz im Sinne des Rechtes auf Einsamkeit, Alleinsein durchaus (eine Zeitlang) als hilfreiche Strategie gegen Einsamkeit. Einsame Menschen erleben ihr Zuhause seltener als Wohlfühlort, daher kommt der Raumgestaltung an öffentlichen Plätzen eine besondere Bedeutung zu. Luzia Heu und Tom Brennecke[38] schlagen da-

38 Vgl. hierzu und zum Folgenden Heu/Brennecke, »By Yourself, Yet not Alone«.

her vor, öffentliche Räume für einsame und nichteinsame Menschen zu angenehmen Orten zu machen, an denen man sich nicht verloren, sondern willkommen geheißen fühlt. Es geht also darum, Raum für Begegnung in der Halbdistanz zu schaffen. Dies kann über runde Tische oder Parkstühle geschehen, die nicht den Eindruck vermitteln, es würde jetzt eine zweite Person fehlen. Pflanzkübel und Büsche erlauben, sich halb versteckt in der Öffentlichkeit aufzuhalten, aber Kontaktaufnahme ist dennoch möglich. Es konnte gezeigt werden, dass einsame Menschen weniger Orte haben, an denen sie sich wohlfühlen, zugleich aber mehr Orte kennen, an denen sie sich ungern aufhalten. Ziel sollte es daher sein, Räume der Zugehörigkeit zu schaffen bzw. die Zugehörigkeit zu Räumen zu stärken. Dies kann über verschiedenste Raumgestaltungs- und Mitwirkungsmethoden geschehen, wie etwa künstlerische Interventionen oder sogenannte *placemaking tools*, die der (Wieder-)Aneignung von öffentlichen Räumen dienen.[39]

Letztlich wissen wir aber immer noch wenig darüber, was gegen Einsamkeit hilft bzw. was betroffene Menschen als hilfreich erleben. Ebenso, wenn gleich womöglich noch schwieriger, verhält es sich mit Prävention und Intervention bei Ressentiments. Liegt es doch in der Natur des Ressentiments, dass die Schuld am Elend der Welt bei anderen gesucht wird und eine Lösung nicht angestrebt werden darf, um das eigene Selbst nicht zu gefährden. Erst kürzlich konnte die neue Studie von More in Common darauf aufmerksam machen, wie Wut und Ressentiment sich auch bei öffentlicher Beteilung

39 Neu, *Place Matters!*, S. 50 f.

darstellen: Die Gruppe der »Wütenden« sehen die Beteiligung der meisten Bürgerinnen und Bürger am politischen Geschehen als Grundvoraussetzung für Demokratie (88 %), glauben aber zugleich nur in geringem Maße (16 %), dass ihre Ansichten Eingang in den politischen Willensbildungsprozess finden.[40] Daher scheint es noch einmal besonders geboten, diejenigen zu erreichen, die sich bereits aus dem öffentlichen Geschehen enttäuscht und verbittert zurückgezogen haben. Es geht also nicht nur um die demokratische Verankerung bürgerschaftlichen Engagements, sondern auch um eine Neuausrichtung von Bürgerbeteiligung. Beteiligung muss alle erreichen. Dazu braucht es geeignetes Wissen, ausreichend Personal und aufsuchende Methoden, die Selbstwirksamkeit stärken und lokale Gestaltungsräume schaffen. Programme, die niedrigschwellige Beteiligung auf lokaler Ebene und auch für Verwaltungen fördern, sollten auch in Zukunft ausgebaut werden. Ein Beispiel bildet das vom Bundesministerium für Familien, Senioren, Frauen und Jugend geförderte Programm »Zukunftswerkstatt Kommunen – Attraktiv im Wandel« (ZWK). Hier werden 40 Modellkommunen dabei unterstützt, individuelle Demografiestrategien zu entwickeln, um als Lebensraum für alle Generationen und als Wirtschaftsstandort attraktiv zu bleiben. (Kommunal-)Politik sollte gestaltbar und zugänglich erlebt werden, als eng verknüpft mit den tatsächlichen Bedarfen und Lebenswelten der Menschen vor Ort.

Wird all dies vernachlässigt, entsteht eine demokratische Lücke, die erst Raum für Aktivitäten rechtsextremer Akteure

40 More in Common, *Mehr erreichen*, S. 7 f.

lässt. Rechtsextreme und völkisch-nationale Raumgewinne und eine schweigende Mehrheit, die sich wegduckt, sind kein Schicksal. Ausbleibender Protest, wenige und schwache zivilgesellschaftliche Akteurinnen und Akteure und untätige Lokalpolitik – kurz: eine fehlende Gegenöffentlichkeit – erlauben den rechtsextremen Kräften eine Ausbreitung ihrer Normalisierungsstrategie und Verschiebung des Sagbaren, denn Schweigen kann als Zustimmung gewertet werden. So gilt umgekehrt: Eine aktive, konfliktbereite Zivilgesellschaft, die sich gegen Raumgewinne rechter Akteure wehrt, bildet ein probates Mittel, um rechtsextreme Einflüsse zurückzudrängen.[41] Ziel kann es nur sein, die Zivilgesellschaft zu stärken, Konflikte demokratisch auszutragen, Diversität auszuhalten und die rechtspopulistischen und rechtsextremen Bedrohungsszenarien durch Antidiskriminierungs- und Infrastrukturpolitik zu entkräften.

41 Quent, *Deutschland rechts außen*; Freiheit/Sitzer/Heitmeyer, »Rechte Bedrohungsallianzen«.

# VII Demokratische Politik

Wenn sich Einsamkeit und Ressentiment verbinden, stellt sich die drängende Frage, wie demokratische Politik auf diese Akkumulation destruktiver Gefühle konstruktiv reagieren kann. Die Politik darf diese Entwicklung nicht einfach ignorieren, da sie dann ungehindert ihren zerstörerischen Verlauf nimmt. Es ist auch keine gute Idee, Einsamkeit und Ressentiments schlicht zu »privatisieren«, etwa mit dem Argument, Gefühle seien eben Privatsache. Denn Einsamkeit und Ressentiments entfalten eine sehr starke öffentliche Wirkung, die auf die gesamte Gesellschaft ausstrahlt. Schließlich führen auch noch so gut gemeinte Ratschläge an die betroffenen Bürgerinnen und Bürger, Einsamkeit und Ressentiments zu überwinden, nicht weit. Wie soll also Politik angemessen auf Einsamkeit und Ressentiments reagieren, um deren destruktive Herausforderung des gesellschaftlichen Zusammenhalts und der demokratischen Ordnung anzunehmen? Die Antwort auf diese komplexe Frage beginnt mit einer Feststellung: In einer freien und demokratischen Gesellschaft ist jede Bürgerin und jeder Bürger zunächst einmal selbst für die eigenen Gefühle verantwortlich.[1] Eine Überwindung von Einsamkeit und Ressentiments ist also nur mit und nicht gegen den

1 Svendsen, *Philosophie der Einsamkeit*, S. 225.

Willen der einsamen und ressentimentgeladenen Bürgerinnen und Bürger möglich.[2] Zugleich tragen aber auch gesellschaftliche Strukturen und Risiken zur Entwicklung von Einsamkeit und Ressentiments bei. Deshalb kann demokratische Politik den strukturellen Ursachen für Einsamkeit und Ressentiments präventiv Rechnung tragen. Zugleich muss sie aber auch auf die Folgen von Einsamkeit und Ressentiments reagieren: einerseits indem sie den betroffenen Bürgerinnen und Bürgern individuelle Hilfe anbietet; andererseits indem sie der antidemokratischen Radikalisierung und Instrumentalisierung von Ressentiments durch (national-)populistische Politikerinnen und Politiker sowie (rechts-)extremistische Parteien klare Grenzen setzt.

Den Maßstab für diese demokratische Politik gegen Einsamkeit und Ressentiments bilden keine harmonistischen Idealisierungen des gesellschaftlichen Zusammenhalts und der demokratischen Ordnung. Es ist bereits im fünften Kapitel deutlich geworden, dass sich demokratische Gesellschaften über die Vielfalt ihrer sozialen, kulturellen und politischen, ökonomischen und ökologischen Konflikte integrieren. Dies funktioniert allerdings nur, solange und soweit die Bürgerinnen und Bürger sich in den unterschiedlichen Lebensbereichen der Gesellschaft in einer Vielfalt von sozialen Rollen begegnen. Allein dies fördert die individuelle und kollektive Kompromissbereitschaft, ohne die sich der gesellschaftliche Zusammenhalt und die demokratische Ordnung nicht integrieren können. Es ist aber genau diese kompromiss-

2 Fleury, *Hier liegt Bitterkeit begraben*, S. 25 f., mit Blick auf das Ressentiment.

bereite Rollenvielfalt der Bürgerinnen und Bürger, die durch die Verbindung von Einsamkeit und Ressentiment radikal reduziert wird. Einsame und ressentimentgeladene Menschen kapseln sich ein. Mit der Vielfalt von sozialen Kontakten geht auch die persönliche Kompromissbereitschaft verloren. Aus diesem Grund ist die Förderung der kompromissbereiten Rollenvielfalt der Bürgerinnen und Bürgern in möglichst vielen Lebensbereichen das zentrale Ziel einer demokratischen Politik, die konstruktiv auf Einsamkeit und Ressentiments reagieren möchte. Es geht darum, durch die Gestaltung sozialer Strukturen die individuellen und kollektiven Risiken für Einsamkeit und Ressentiments zu minimieren. Um dieses Ziel zu verfolgen, kann sich demokratische Politik auch an dem Menschenbild orientieren, das von Montaigne bis Kant auf die Formel von der »ungeselligen Geselligkeit«[3] der Menschen gebracht wird. Dieser Grundgedanke kommt in dem viel gescholtenen, aber letztlich unverzichtbaren Menschenbild des Grundgesetzes ebenfalls zum Ausdruck, wie es von dem Bundesverfassungsgericht formuliert wird: »Das Menschenbild des Grundgesetzes ist nicht das eines isolierten souveränen Individuums; das Grundgesetz hat vielmehr die Spannung Individuum – Gemeinschaft im Sinne einer Gemeinschaftsbezogenheit und Gemeinschaftsgebundenheit der Person entschieden, ohne dabei deren Eigenwert anzutasten.«[4] Unsere Verfassung erwartet also, dass sich die Menschen, die in der Bundesrepublik leben, frei und gleich

3 Kant, *Idee zu einer allgemeinen Geschichte in weltbürgerlicher Absicht*, S. 37 (Vierter Satz).

4 BVerfGE 4, 7 (15 f.).

*in* einer demokratischen Gesellschaft entfalten und dass diese demokratische Gesellschaft zugleich den Eigenwert aller Menschen und damit ihre Würde, Freiheit und Gleichheit anerkennt. Dies ist das Leitbild einer demokratischen Politik, die sich gegen Einsamkeit und Ressentiment wendet, »denn der Mensch als Person existiert notwendig in sozialen Bezügen«.[5]

An diesem Maßstab gemessen wird schnell deutlich, wie komplex sich eine politische Antwort auf die gesellschaftlichen und demokratischen Herausforderungen von Einsamkeit und Ressentiment gestaltet. Für die Entwicklung eines politischen Konzepts kann demokratische Politik zunächst davon ausgehen, dass es sich bei Einsamkeit und Ressentiment um zwei starke Gefühle handelt, die sich einerseits unterscheiden (drittes und viertes Kapitel) und sich zugleich in ihrer destruktiven Wirkung gegenseitig verstärken, sodass es zu Kohäsions-, Vertrauens- und Integrationsverlusten des gesellschaftlichen Zusammenhalts und der demokratischen Ordnung kommt (fünftes Kapitel). Wie gesagt: Nicht jede einsame Person entwickelt Ressentiments; und nicht jede ressentimentgeladene Person ist einsam. Doch in vielen Fällen verstärken sich Einsamkeit und Ressentiment in ihren destruktiven Folgen gegenseitig. Angesichts dieser komplexen Konstellation von Einsamkeit und Ressentiment ließe sich beispielsweise das folgende vierstufige Konzept verfolgen, um deren zerstörerischen Folgen für den gesellschaftlichen Zusammenhalt und die demokratische Ordnung engagiert

5 BVerfGE 125, 175 (223).

entgegenzuwirken. Auf der ersten Stufe kommt es darauf an, ein öffentliches Bewusstsein für die sozialen, wirtschaftlichen und politischen Gründe und die Folgen von Einsamkeit und Ressentiment für den gesellschaftlichen Zusammenhalt und die demokratische Ordnung zu schaffen. Auf der zweiten Stufe gilt es, das soziale und demokratische Vertrauen, das einsamen und ressentimentgeladenen Bürgerinnen und Bürgern verloren gegangen ist, durch eine konsequente Antidiskriminierungs- und Infrastrukturpolitik wieder zu gewinnen. Auf der dritten Stufe wirbt demokratische Politik dafür, einerseits das subjektive Recht auf Einsamkeit ernst zu nehmen und andererseits die individuelle Resilienz der Bürgerinnen und Bürger gegen Vereinsamung zu stärken. Auf der vierten Stufe geht es um die verfassungsrechtliche Pflicht demokratischer Politik, mit den Mitteln der integrativen, streitbaren und wehrhaften Demokratie der antidemokratischen Radikalisierung und Instrumentalisierung von Ressentiments durch (national-)populistische Politikerinnen und Politiker sowie (rechts-)extremistische Parteien klar entgegenzutreten, um den gesellschaftlichen Zusammenhalt in der Bundesrepublik zu bewahren und die demokratische Ordnung des Grundgesetzes zu verteidigen.

## Bewusstsein: Sichtbarkeit und Öffentlichkeit

Es ist die Aufgabe demokratischer Politik, ein öffentliches Bewusstsein für die sozialen, wirtschaftlichen und politischen Ursachen und die schwerwiegenden Folgen von Einsamkeit und Ressentiments für den gesellschaftlichen Zusammenhalt und die demokratische Ordnung zu schaffen.

Dies ist vor allem deshalb notwendig, weil Einsamkeit in der Regel gesellschaftlich nicht sichtbar, sondern verborgen ist. Viele Menschen schämen sich, einsam zu sein; und sie nehmen deshalb auch keine Hilfe in Anspruch, um ihre soziale Isolation und Vereinsamung zu überwinden. Aus diesem Grund wird vielfach – und insbesondere in der Strategie der Bundesregierung gegen Einsamkeit – dafür geworben, Einsamkeit zu enttabuisieren und öffentlich zu thematisieren.[6] Diese öffentliche Sichtbarkeit der individuellen und gesellschaftlichen Probleme, die sich mit Einsamkeit verbinden, ist eine Grundvoraussetzung dafür, dass sich Menschen in einem weit stärkeren Maß als bisher bereitfinden, individuelle, zivilgesellschaftliche und staatliche Hilfe anzunehmen, um nicht länger einsam zu sein.[7] Diese Öffentlichkeitsstrategie muss auch das individuelle und öffentliche Problembewusstsein für die Verbindung von Einsamkeit und Ressentiment schärfen. Dies bedeutet, dass die Risiken, Gefahren und Schäden benannt und bekannt werden müssen, die sich aus der Verbindung von Einsamkeit und Ressentiment für den gesellschaftlichen Zusammenhalt und die demokratische Ordnung ergeben. In diesem Zusammenhang geht es nicht nur um öffentliche Aufklärung über eine sehr drängende gesamtgesellschaftliche Herausforderung. Vielmehr wirkt die Schärfung

6 Bundesministerium für Familie, Senioren, Frauen und Jugend, *Strategie der Bundesregierung gegen Einsamkeit*, S. 8 ff.; vgl. bereits Neu/Müller, »Einsamkeit«, S. 102.

7 Neu/Müller, *Einsamkeit*, S. 102.

des öffentlichen Problembewusstseins und die öffentliche Diskussion von konstruktiven und zukunftszugewandten Lösungen bereits für sich genommen der wirklichkeitsverzerrten Wahrnehmung entgegen, die mit Einsamkeit und Ressentiments regelmäßig einhergehen. Sie durchbrechen die »Vergangenheitsverfallenheit«[8] und das »Primat der Negativität«[9], die sowohl den einsamen als auch den ressentimentgeladenen Blick auf die Wirklichkeit bestimmen. Ein öffentliches Problembewusstsein ist auch in der Lage, einem egozentrischen Opferdiskurs entgegenzuwirken, in dem die »Schuld« an der eigenen Vereinsamung und den eigenen Ressentiments ausschließlich Anderen zugewiesen wird, vorzugsweise Migrantinnen und Migranten, Minderheiten und Eliten, der Bundesregierung und »Europa«. Schon die individuelle Erkenntnis hilft weiter, dass es sich bei Einsamkeit und Ressentiments um komplexe Phänomene handelt, in denen sich individuelle Verantwortung für die eigenen Gefühle mit strukturellen Ursachen, soziale Risiken und desaströsen Folgen für die demokratische Gesellschaft verbinden. Denn wer sich diese Komplexität in einem ersten Schritt eingesteht, mag sich vielleicht in einem zweiten Schritt auch auf Diskussionen einlassen, in denen in einem dritten Schritt die individuelle Rollenvielfalt aller Bürgerinnen und Bürger für die Entfaltung des demokratischen Zusammenhalts und der demokratischen Ordnung zu einem zentralen Thema für das eigene Verhalten wird. So kann eine öffentliche Debatte dazu beitragen, dass Bürgerinnen

8 Müller, *Ressentiment*, S. 40; vgl. auch ebd., S. 139.
9 Ebd., S. 43.

und Bürger aktiv aus der eigenen Vereinsamung herausfinden und ihre ressentimentalen Dauerschleifen durchbrechen.

Da sich die Ursachen und Folgen von Einsamkeit und Ressentiment auf alle sozialen, ökonomischen und politischen Lebensbereiche beziehen, muss auch die öffentliche Debatte einen ganzheitlichen Blick einnehmen, um sich dabei – problemspezifisch – auf alle gesellschaftlichen Altersgruppen zu beziehen. Denn wir haben im dritten Kapitel bereits gesehen, dass Einsamkeit grundsätzlich alle Bürgerinnen und Bürger treffen kann, aber dennoch spezielle Risikofaktoren – Armut, Behinderung, Diskriminierung – bestehen, die sich zudem in bestimmten Lebensphasen – Jugend, Lebensmitte und Hochbetagtheit – besonders konzentrieren. Aus diesem Grund ist es unabdingbar, dass neben staatlichen auch zivilgesellschaftliche Akteurinnen und Akteure Einsamkeit und Ressentiment zum öffentlichen Thema machen. Seitens des Staats wäre insbesondere eine Thematisierung von Einsamkeit und Ressentiment in den Schulen notwendig, wie insbesondere auch die eingangs vorgestellte Studie *Extrem einsam?* nahelegt.[10] Landesweit sollten Einsamkeit und Ressentiment auf der Grundlage von Informationskampagnen öffentlich diskutiert werden. In den vergangenen Jahren ist bereits breit im öffentlich-rechtlichen Rundfunk über Einsamkeit berichtet worden, wobei in Zukunft eine Erweiterung um die gesellschaftlichen Ursachen und Folgen von Einsamkeit und Ressentiment für den gesellschaftlichen Zusammenhalt und die demokratische

10 Vgl. hierzu und zum Folgenden Bundesministerium für Familie, Senioren, Frauen und Jugend, *Strategie der Bundesregierung gegen Einsamkeit*, S. 11 f.

Ordnung erfolgen könnte. Der Bundestag und die Bundesregierung sowie die Landtage und Landesregierungen haben ebenso wie die Bundespräsidentin bzw. der Bundespräsident die Möglichkeit, öffentlich wirksame Strategien gegen Einsamkeit und Ressentiment zu formulieren und zu diskutieren. In zivilgesellschaftlicher Perspektive sind es die Religionsgemeinschaften, Sozialverbände, Gewerkschaften und Arbeitgeberinnen und Arbeitgeber,[11] die zum öffentlichen Problembewusstsein im Hinblick auf Einsamkeit und Ressentiment beitragen können.

## Vertrauen: Gleichheit und Infrastrukturen

Es ist eine Aufgabe demokratischer Politik, das Vertrauen in den gesellschaftlichen Zusammenhalt und demokratische Institutionen (wieder) zu gewährleisten, um der Entwicklung von Einsamkeit und Ressentiments entgegenzuwirken.[12]

Eine solche vertrauensbildende Politik bezieht sich zugleich auf die Ursachen und die Folgen von Einsamkeit und Ressentiment. Sowohl Einsamkeit als auch Ressentiment können sich aus (wahrgenommenen) Ungleichbehandlungen ergeben und darüber hinaus zu Ungleichbehandlungen führen, die für die diskriminierten Personen das Vertrauen in den gesellschaftlichen Zusammenhalt und in die demokratischen Institutionen erschüttern. Wir haben im dritten und vierten Kapitel gezeigt, dass die Bestimmung des Verhältnisses von

11 Ebd., S. 12.
12 Svendsen, *Philosophie der Einsamkeit*, S. 224 f.

Gleichheit zu Einsamkeit und Ressentiment in einer demokratischen Gesellschaft bis heute maßgeblich durch Alexis de Tocquevilles Analyse der amerikanischen Gesellschaft bestimmt wird: Zum einen soll die Gleichheit den Grund für die einsame Gleichgültigkeit der Bürgerinnen und Bürger in der Demokratie bilden. Zum anderen wird der ständige Gleichheitsvergleich unter den Bürgerinnen und Bürgern als die zentrale Ursache für die Entwicklung von Ressentiments betrachtet. Doch alternativ zu dieser bis heute vorherrschenden Erklärung von Einsamkeit und Ressentiment, die sich aus der (Un-)Gleichheit der Bürgerinnen und Bürger in der demokratischen Gesellschaft ableitet, bietet sich eben auch eine ganz andere Interpretation an: Ungleichheit stellt das Vertrauen der Bürgerinnen und Bürger in den gesellschaftlichen Zusammenhalt und in die demokratische Ordnung infrage. Im Gegensatz zum Verständnis der (Un-)Gleichheit in demokratischen Gesellschaften in der Tradition Tocquevilles muss dieser vertrauensbezogene Erklärungsansatz nicht bei deprimierenden Diagnosen stehen bleiben, die allein konservative und – neuerdings auch – linke Vorurteile gegenüber demokratischen Gesellschaften bestätigt zu sehen. Denn Kulturpessimismus ist auch eine politische Gefahr für die Demokratie als einer grundsätzlich optimistischen Staatsform.[13] Vielmehr eröffnet ein vertrauensbezogenes Verständnis von Gleichheit in der Demokratie die Möglichkeit, nach ganz konkreten politischen Maßnahmen zu fragen, mit denen die Politik versuchen kann, das Vertrauen der Bürgerinnen und Bürger in den

13 Stern, *Kulturpessimismus als politische Gefahr*.

gesellschaftlichen Zusammenhalt und in die demokratischen Institutionen (wieder) dauerhaft zu gewährleisten, beispielsweise durch eine konsequente Antidiskriminierungs- und eine nachhaltige Infrastrukturpolitik.

Die gleichheitsbezogene Dimension der vertrauensbildenden Maßnahmen besteht in einem konsequenten Schutz der Bürgerinnen und Bürger vor Diskriminierung (Art. 3 GG). Im dritten Kapitel ist bereits deutlich geworden, dass Diskriminierung Menschen vereinsamen lässt, aber sich Einsamkeit wiederum in der Diskriminierung von Menschen niederschlagen kann. Auch mit Blick auf Ressentiments haben wir im vierten Kapitel gesehen, dass diese regelmäßig auf Kränkungen beruhen, die von den betroffenen Bürgerinnen und Bürger als diskriminierend empfunden werden. Zugleich sind aber ressentimentgeladene Bürgerinnen und Bürger auch bereit, ebenfalls Andere zu diskriminieren, denen sie für ihre Kränkung die Schuld geben. Deshalb führt gerade die Verbindung von Einsamkeit und Ressentiments in eskalierende Diskriminierungsspiralen, die durch einen ubiquitären Opferdiskurs immer weiter beschleunigt werden. Eine demokratische Politik muss daher versuchen, diese Diskriminierungskreisläufe durch einen konsequenten Diskriminierungsschutz zu durchbrechen. Denn die Toleranz von Diskriminierung untergräbt das Vertrauen der Bürgerinnen und Bürger in den gesellschaftlichen Zusammenhalt und in die demokratische Ordnung. Darüber hinaus wird durch Diskriminierung die persönliche Rollenvielfalt von Bürgerinnen und Bürgern in einer demokratischen Gesellschaft reduziert. Diese bildet jedoch die Grundvoraussetzung für die Integration einer demokratischen Gesellschaft durch Konflikte, die auf der Grundlage der gegenseitigen Anerkennung aller Bürgerinnen und Bürger durch Kompromisse gelöst werden.

Die infrastrukturelle Dimension der vertrauensbildenden Maßnahmen besteht in einer konsequenten demokratischen Politik der Daseinsvorsorge und Infrastrukturen, die öffentliche Güter für alle Bürgerinnen und Bürger garantieren.[14] Nach heutigem Verständnis zählen die Wasser- und Energieversorgung, Telekommunikations- und Verkehrsinfrastrukturen, medizinische und pflegerische Dienste, soziale und öffentliche Sicherheit, Kinderbetreuung, Schul- und Weiterbildung, Museen, Konzerthäuser und Theater zu den öffentlichen Gütern.[15] Die Bürgerinnen und Bürger müssen auf die Gleichwertigkeit der Lebensverhältnisse in der Bundesrepublik vertrauen können, wenn es um die Gewährleistung öffentlicher Güter geht.[16] Nach der Rechtsprechung des Bundesverfassungsgerichts handelt es sich bei der Gleichwertigkeit der Lebensverhältnisse (Art. 72 Abs. 2 GG) um ein »bundesstaatliches Rechtsgut«[17], das die Garantie der infrastrukturellen Daseinsvorsorge im Bundesgebiet normativ steuert. Allerdings haben die Karlsruher Richterinnen und Richter den Gewährleistungsgehalt des Art. 72 Abs. 2 GG äußerst restriktiv bestimmt. Sie nehmen eine Verletzung der Gleichwertigkeit der Lebensverhältnisse nur dann an, wenn sich diese »in erheb-

14 Kersten, *Die Verfassung öffentlicher Güter.*

15 BVerfG, *Neue Zeitschrift für Verwaltungsrecht-Beilage* 39 (2020), S. 90 (99), für ein weites Verständnis der Daseinsvorsorge.

16 Vgl. hierzu und zum Folgenden Kersten/Neu/Vogel, »Gleichwertige Lebensverhältnisse«, S. 6 ff.

17 BVerfGE 106, 63 (144).

licher, das bundesstaatliche Sozialgefüge beeinträchtigender Weise auseinander entwickelt haben oder sich eine derartige Entwicklung konkret abzeichnet«.[18] Doch eine demokratische Infrastrukturpolitik muss sich dieser äußerst restriktiven Bestimmung keineswegs anschließen. Es steht der Politik verfassungsrechtlich vollkommen frei, vor allem mit Verweis auf das Demokratie- und Sozialstaatsgebot (Art. 20 Abs. 1 und 2 GG) auch eine über diesen Minimalstandard hinausgehende und damit angemessene Infrastrukturversorgung zu verfolgen. Um das Vertrauen in eine angemessene Gewährleistung der öffentlichen Güter und der Daseinsvorsorge (wieder) zu stabilisieren, sollte eine demokratische Politik dies auch tun. Dafür muss sie danach fragen, welche Vernetzung der bildungsbezogenen, energetischen, hygienischen, kommunikativen, kulturellen, medizinischen, medialen, ökologischen, sozialen, verkehrlichen und wirtschaftlichen Infrastrukturen erforderlich ist, damit sich alle Bürgerinnen und Bürger im ganzen Bundesgebiet individuell in ihrer ganzen sozialen und demokratischen, kulturellen und wirtschaftlichen Rollenvielfalt entfalten können. Mit einer solchen demokratischen Politik der infrastrukturellen Daseinsvorsorge und der öffentlichen Güter wird eine Vertrauensgrundlage in gesellschaftliche und staatliche Institutionen geschaffen, sodass sich die Bürgerinnen und Bürger weder individuell noch regional abgehängt fühlen. Denn wie wir zeigen konnten, kann auch der Mangel an infrastrukturellen Gelegenheitsstrukturen Einsamkeit verursachen. Das Gefühl, von der Gesellschaft sozial und

18 BVerfGE 106, 63 (144); vgl. auch BVerfGE 111, 226 (253); BVerfGE 140, 65 (80 m. w. N.).

insbesondere auch infrastrukturell abgehängt worden zu sein oder zu werden, bietet wiederum eine Grundlage, warum Bürgerinnen und Bürger Ressentiments entwickeln. Dies gilt nicht nur für periphere Regionen, sondern auch für benachteiligte Stadtviertel. Das verfassungsrechtliche Gebot, gleichwertige Lebensverhältnisse zu schaffen, bezieht sich jedoch auf Stadt und Land, um »Stadt Land, Frust«[19] entgegenzuwirken. Dies wird auch deutlich, wenn es beispielweise in der Verfassung des Freistaates Bayern heißt: Der Staat fördert und sichert gleichwertige Lebensverhältnisse und Arbeitsbedingungen in ganz Bayern, in Stadt und Land (Art. 3 Abs. 3 Satz 2 BV).

## Einsamkeit: Recht und Resilienz

Es ist die Aufgabe demokratischer Politik, einerseits das subjektive Recht auf Einsamkeit ernst zu nehmen und andererseits die individuelle Resilienz der Bürgerinnen und Bürger gegen Vereinsamung zu stärken. Dies bedeutet, dass demokratische Politik die komplexe Ambivalenz von Einsamkeit in der demokratischen Gesellschaft in Rechnung stellen muss, die im dritten Kapitel bereits beschrieben wurde.

Auf der einen Seite hat demokratische Politik das Recht der Bürgerinnen und Bürger auf Einsamkeit zu achten. Wir haben gesehen, dass dem »right to be let alone« im demokratischen Verfassungsstaat eine freiheitssichernde Funktion zukommt. Dieser Zusammenhang von Einsamkeit und Frei-

19 Haffert, *Stadt, Land, Frust*.

heit konnte sich bereits im 19. Jahrhundert im Kontext des Rechts auf Privacy entwickeln. Das Bundesverfassungsgericht hat diesen Gedanken in seiner Rechtsprechung zum Allgemeinen Persönlichkeitsrecht (Art. 2 Abs. 1 i. V. m. Art. 1 Abs. 1 GG) aufgegriffen. So versagen die Karlsruher Richterinnen und Richter dem Staat die Möglichkeit einer umfassenden Einsichtnahme in die persönlichen Verhältnisse seiner Bürgerinnen und Bürger, »weil dem Einzelnen um der freien und selbstverantwortlichen Entfaltung seiner Persönlichkeit willen ein ›Innenraum‹ verbleiben muß, in dem er ›sich selbst besitzt‹ und ›in den er sich zurückziehen kann, zu dem die Umwelt keinen Zutritt hat, in dem man in Ruhe gelassen wird und ein Recht auf Einsamkeit genießt‹«.[20] Es geht folglich um die Respektierung der privaten Sphäre des Menschen, also den »Bereich, in dem er allein zu bleiben, seine Entscheidungen in eigener Verantwortung zu treffen und von Eingriffen jeder Art nicht behelligt zu werden wünscht«.[21] Es kommt darauf an, »für sich zu sein« und »sich selber zu gehören«.[22] Mit Blick auf das Grundrecht auf Wohnung (Art. 13 Abs. 1 GG) erkennt das Bundesverfassungsrecht ebenfalls ein »Recht, ›in Ruhe gelassen zu werden‹«[23], an. Aber auch über das Allgemeine Persönlichkeitsrecht und das Recht auf Wohnung hinaus können die Bürgerinnen und Bürger in allen übrigen sozialen und ökonomischen Lebensbereichen ihr Recht auf Einsamkeit als Ausdruck ihrer individuellen Freiheit realisieren. Die

20 BVerfGE 27, 1 (6); vgl. auch BVerfGE 34, 269 (281); 35, 269 (281).

21 BVerfGE 34, 269 (281).

22 BVerfGE 35, 202 (220).

23 BVerfGE 32, 54 (75); BVerfGE 156, 63 (129).

Bürgerinnen und Bürger entscheiden grundsätzlich vollkommen frei darüber, mit wem sie wann und wie in sozialen Kontakt treten. Diese Freiheit muss auch eine demokratische Politik respektieren, die sich gegen Einsamkeit, soziale Isolation und Vereinsamung wenden möchte. Diese Gewährleistung des Rechts auf Einsamkeit ist im demokratischen Verfassungsstaat zweifelslos richtig und wichtig. Doch dies führt auch zu einem zentralen Problem: Die Grenze zwischen selbstgewählter Einsamkeit und struktureller Vereinsamung, in der mitmenschliche, zivilgesellschaftliche und auch staatliche Hilfe angezeigt wäre, ist fließend und lässt sich folglich keineswegs klar ziehen. Selbst im Fall der sozialen Isolation und der Vereinsamung kann sich jede Bürgerin und jeder Bürger auf das eigene Recht auf Einsamkeit berufen, um jede mitmenschliche, zivilgesellschaftliche und staatliche Hilfe abzulehnen. In verfassungsrechtlicher Perspektive unterstreicht dies noch einmal die eingangs getroffene Feststellung, dass jeder Mensch für seine Gefühle selbst verantwortlich ist. Diese Selbstverantwortung umfasst auch das Recht, keine Hilfe in Anspruch zu nehmen und diese auch nicht aufgedrängt zu bekommen. Deshalb ist es umso wichtiger, dass ein öffentliches Bewusstsein für die Probleme geschaffen wird, die Einsamkeit (und Ressentiments) verursachen. Nur dann können die Bürgerinnen und Bürger eine informierte Entscheidung über die Ausübung ihres Rechts auf Einsamkeit treffen, ob sie Hilfe gegen soziale Isolation und Vereinsamung (nicht) in Anspruch nehmen wollen.

Auf der anderen Seite ist eine demokratische Politik verfassungsrechtlich allerdings auch verpflichtet, Einsamkeit, sozialer Isolation und Vereinsamung entgegenzuwirken. Insoweit muss es einer demokratischen Politik darum gehen, die individuelle und soziale Resilienz gegen Einsamkeit zu stärken. Die Entwicklung dieser Einsamkeitsresilienz beginnt mit der bereits beschriebenen staatlichen Aufgabe, ein öffentliches Problembewusstsein für Einsamkeit (und Ressentiments) zu schaffen. Darüber hinaus baut sie auf die vertrauensbildenden Maßnahmen, die in der konsequenten Einhaltung des Diskriminierungsverbots und in der angemessenen Gewährleistung der infrastrukturellen Daseinsvorsorge mit öffentlichen Gütern in der Fläche bestehen. Auf dieser Grundlage kann eine demokratische Politik gegen Einsamkeit eine gesundheitliche, sozialstaatliche und kommunale Dimension entfalten.

Die gesundheitliche Dimension der Politik gegen Einsamkeit ist Ausdruck der grundrechtlichen Schutzpflicht des Staates für die körperliche Unversehrtheit (Art. 2 Abs. 2 Satz 1 GG) und psychische Integrität (Art. 2 Abs. 1 i. V. m. Art. 1 Abs. 1 GG) der Bürgerinnen und Bürger. Sie verpflichtet den Staat dazu, Angebote für die gesundheitliche Prävention und Behandlung von Erkrankungen zu unterbreiten, die aufgrund von Einsamkeit, sozialer Isolation und Vereinsamung entstehen oder verstärkt werden. Ausweislich der Strategie der Bundesregierung gegen Einsamkeit liegt auf diesem zentralen Punkt bereits ein starker Fokus der staatlichen Politik, die sich gegen die gesundheitlichen Folgen von sozialer Isolation und Vereinsamung wendet.[24]

24 Bundesministerium für Familie, Senioren, Frauen und Jugend, *Strategie der Bundesregierung gegen Einsamkeit*, S. 13.

Die sozialstaatliche Dimension der Politik gegen Einsamkeit knüpft an das oben bereits zitierte Menschenbild des Grundgesetzes an: Der Mensch wird von unserer Verfassung nicht als ein isoliertes Individuum, sondern als eine gemeinschaftsbezogene und gemeinschaftsgebundene Person verstanden, deren Würde, Freiheit und Gleichheit zu achten und zu schützen ist. Aus diesem Grund beschreibt das Bundesverfassungsgericht in seiner Entscheidung zu Hartz IV aus dem Jahr 2010 auch die Gewährleistung des menschenwürdigen Existenzminimums wie folgt: »Der unmittelbar verfassungsrechtliche Leistungsanspruch auf Gewährleistung eines menschenwürdigen Existenzminimums erstreckt sich nur auf diejenigen Mittel, die zur Aufrechterhaltung eines menschenwürdigen Daseins unbedingt erforderlich sind. Er gewährleistet das gesamte Existenzminimum durch eine einheitliche grundrechtliche Garantie, die sowohl die physische Existenz des Menschen, also Nahrung, Kleidung, Hausrat, Unterkunft, Heizung, Hygiene und Gesundheit, als auch die Sicherung der Möglichkeit zur Pflege zwischenmenschlicher Beziehungen und zu einem Mindestmaß an Teilhabe am gesellschaftlichen, kulturellen und politischen Leben umfasst, denn der Mensch als Person existiert notwendig in sozialen Bezügen.«[25] Diese Entscheidung des Bundesverfassungsgerichts kann eine sozialstaatliche Politik gegen Einsamkeit zum Ausgangspunkt nehmen, um auch über das menschenwürdige Existenzminimum und das Sozialrecht hinaus institutionelle Angebote für die Entfaltung von Menschen in ihren sozialen Be-

25 BVerfGE 125, 175 (223 m.w.N.).

zügen umfassend als die soziale und demokratische Teilhabe am gesellschaftlichen, kulturellen und politischen Leben der Bundesrepublik zu gestalten.[26] Das zentrale Leitmotiv, das demokratische Politik der Entscheidung des Bundesverfassungsgerichts dafür entnehmen und verallgemeinern kann, lautet: »Der Mensch als Person existiert notwendig in sozialen Bezügen.« Dies gilt vor allem für vulnerable Menschen und vulnerable Gruppen, wie arme und behinderte, jugendliche und hochaltrige, pflegebedürftige und chronisch kranke Menschen, die sehr oft sozial isoliert sind und vereinsamen.[27] Gerade hier bedarf es einer sozialstaatlichen Politik der infrastrukturellen Daseinsvorsorge und der öffentlichen Güter, die Vereinsamung vorbeugt oder dieser abhelfen kann.

Die kommunale Dimension der Politik gegen Einsamkeit ist auf genau diese soziale Integration durch infrastrukturelle Daseinsvorsorge und öffentliche Güter ausgerichtet, die sozialer Isolation und Vereinsamung entgegenwirken kann, soll und muss.[28] Auch die institutionelle Gewährleistung der kommunalen Selbstverwaltung im Grundgesetz bringt diese soziale Aufgabe klar zum Ausdruck: Den Gemeinden muss das Recht gewährleistet sein, alle Angelegenheiten der *örtlichen Gemeinschaft* im Rahmen der Gesetze in eigener Verantwortung zu regeln (Art. 28 Abs. 2 Satz 1 GG). Aus diesem Grund unterstreicht auch die Bundesregierung in ihrer Strategie gegen Einsamkeit die zentrale Bedeutung der »Gesellschaft vor

26 Vgl. hierzu und zum Folgenden Neu/Müller, *Einsamkeit*, S. 100 f.
27 Ebd., S. 101.
28 Vgl. hierzu und zum Folgenden ebd., S. 101 f.

Ort«.[29] In diesem Zusammenhang wird von der Bundesregierung beispielsweise die zentrale Bedeutung »sozialer Orte«[30] hervorgehoben, »welche Raum für Austausch, Begegnung und Engagement von Menschen aller Altersgruppen in den Kommunen bieten«.[31] Darüber hinaus hebt die Bundesregierung in ihrer Strategie gegen Einsamkeit auch die Notwendigkeit einer integrativen Stadtplanung hervor. Es geht – wie bereits im sechsten Kapitel veranschaulicht wurde – darum, soziale Gelegenheitsinfrastrukturen für die Bewältigung von Einsamkeit, sozialer Isolation und Vereinsamung zu schaffen. Dafür können beispielsweise die Kinder-, Jugend- und Altenhilfe sowie die Stadt-, Regional- und Verkehrsplanung zusammenwirken. Um dies auch städteplanerisch umzusetzen, bietet es sich an, das Soziale-Orte-Konzept in §1 Abs. 5 BauGB zu integrieren, um damit das Planungsziel einer nachhaltigen Stadtentwicklung zu erweitern.[32]

Fasst man dieses Konzept einer demokratischen Politik gegen Einsamkeit zusammen, so geht es um die Entwicklung von »Einsamkeitsfähigkeit«[33] (Odo Marquard) der Bürgerinnen und Bürger, die einerseits über ein verfassungsrechtliches Recht auf Einsamkeit verfügen, andererseits aber auch

29 Vgl. hierzu und zum folgenden Bundesministerium für Familie, Senioren, Frauen und Jugend, *Strategie der Bundesregierung gegen Einsamkeit*, S. 11.

30 Kersten/Neu/Vogel, *Das Soziale-Orte-Konzept*.

31 Bundesministerium für Familie, Senioren, Frauen und Jugend, *Strategie der Bundesregierung gegen Einsamkeit*, S. 11.

32 Kersten/Neu/Vogel, *Das Soziale-Orte-Konzept*, S. 135 ff.

33 Marquard, »Plädoyer für Einsamkeitsfähigkeit«.

– mit zivilgesellschaftlicher und staatlicher Hilfe – Einsamkeitsresilienz entwickeln können – und auch müssen.

## Ressentiment: Dialog und Konflikt

Es ist die Aufgabe demokratischer Politik, mit den Mitteln der integrativen, streitbaren und wehrhaften Demokratie der antidemokratischen Radikalisierung und Instrumentalisierung von Ressentiments durch (national-)populistische Politikerinnen und Politiker sowie (rechts-)extremistische Parteien klar entgegenzutreten, um den gesellschaftlichen Zusammenhalt in der Bundesrepublik zu bewahren und die demokratische Ordnung des Grundgesetzes zu schützen.

Die Prävention von einsamkeitsbedingten Ressentiments beruht auf den soeben beschriebenen drei Politiken, also erstens der Herstellung eines öffentlichen Bewusstseins für die Ursachen und vor allem die Folgen von Einsamkeit und Ressentiment für den gesellschaftlichen Zusammenhalt und die demokratische Ordnung, zweitens den vertrauensbildenden Maßnahmen durch die konsequente Gewährleistung demokratischer Gleichheit, infrastruktureller Daseinsvorsorge und öffentlicher Güter und drittens die staatliche Förderung von Einsamkeitsresilienz. Auf diese Weise kann der Entstehung von individuellen und kollektiven Kränkungen vorgebeugt werden, die zur Entwicklung und antidemokratischen Radikalisierung von Ressentiments Anlass geben. Allerdings muss aber in diesem Zusammenhang auch klar sein, dass diese drei Politiken die Bildung von antidemokratischen Ressentiments nur abschwächen, aber nicht vollkommen verhindern werden. Deshalb ist es notwendig, dass demokratische Politik aktiv der antidemokratischen Radikalisierung und (partei-)politischen Instrumentalisierung von Ressentiments begegnet. Dies ist die Aufgabe der integrativen, der streitbaren und der wehrhaften Demokratie. Bei diesem politischen Dreisatz handelt es sich um ein Stufenmodell: Nur wenn demokratische Politik zunächst versucht hat, durch eine engagierte politische Auseinandersetzung mit ressentimentgeladenen Bürgerinnen und Bürgern für demokratische Integration zu werben, können aus Gründen der verfassungsrechtlicher Verhältnismäßigkeit die Konzepte der streitbaren und der wehrhaften Demokratie greifen. Dabei entfaltet der Verhältnismäßigkeitsgrundsatz in dieser politischen Auseinandersetzung vor allem auch eine erklärende Funktion: Es muss ressentimentgeladenen Bürgerinnen und Bürgern, aber auch der allgemeinen Öffentlichkeit erklärt werden, dass die konfrontative Verteidigung des gesellschaftlichen Zusammenhalts und der demokratischen Ordnung notwendig ist, weil sich ressentimentgeladene Bürgerinnen und Bürger, Politikerinnen und Politiker sowie Parteien – ungeachtet der Gesprächsangebote der integrativen Demokratie – antidemokratisch radikalisiert haben.

## Integrative Demokratie

Die integrative Demokratie setzt auf die argumentative Auseinandersetzung mit ressentimentgeladenen Bürgerinnen und Bürgern. Dabei darf man sich keine Illusionen machen: Die »Bekämpfung des Ressentiments ist kein Vergnügen«[34] und wird in vielen Fällen auch schlicht scheitern. Dementsprechend sollte die Frustrationstoleranz hoch sein. Aber trotzdem muss eine demokratische Politik – zunächst – auf Argumente und Dialog setzen. Dabei trifft demokratische Politik auf diskriminierende Vorurteile, mediale Wirklichkeitsverschiebungen, nostalgische Retroperspektivität, kruden Verschwörungsglauben und eliminatorische Freund-Feind-Ideologien. Die größte Herausforderung für demokratische Politik besteht darin, sich nicht von dieser politischen Negativität anstecken zu lassen. Den größten Fehler, den demokratische Politik hier machen kann, ist, auf Ressentiments mit Gegenressentiments zu reagieren.[35] In diesem Fall würde sie selbst zur Zerstörung des gesellschaftlichen Zusammenhalts und der demokratischen Ordnung beitragen. Dies ist gemeint, wenn von ressentimentalen »Ansteckungsgefahren« die Rede ist.[36] Der größte Sieg des Ressentiments besteht in der Erzeugung von Gegenressentiments. Ressentiments sehen sich durch Gegenressentiments bestätigt, was nur zu einer weiteren Eskalation beiträgt. Deshalb muss sich die Politik, die Ressentiments bekämpft, durch ihr Ziel der demokratischen Integration gegen diese ressentimentalen »Ansteckungsgefahren« immunisieren.

Aus drei Gründen lohnt sich diese argumentative Auseinandersetzung aber dennoch, um auch bei einsamen und

34 Fleury, *Hier liegt Bitterkeit begraben*, S. 198.

35 Vgl. hierzu und zum Folgenden Müller, *Ressentiment*, S. 60 f., 76, 79 f., 139, 141 ff.; Körner, »Ressentiments und Gegenressentiments«, S. 933; Fleury, *Hier liegt Bitterkeit begraben*, S. 25 f., 84 f., 278.

36 Müller, *Ressentiment*, S. 61.

ressentimentgeladenen Bürgerinnen und Bürgern für den gesellschaftlichen Zusammenhalt und die demokratische Ordnung zu werben. Erstens sind Einsamkeit und Ressentiment graduelle und keine absoluten Gefühlszustände. Wir haben bereits im dritten und vierten Kapitel versucht zu zeigen, dass es den »Einsamkeitsmenschen« und den »Ressentimentmenschen« in typologischer Reinform nicht gibt. Auch wenn Einsamkeit und Ressentiment sehr starke und existenzielle Gefühle sind, handelt es sich bei ihnen doch um graduelle Emotionen, die sich aufbauen, aber auch wieder abebben können. Zweitens besteht die Möglichkeit, einsame und zugleich ressentimentgeladene Bürgerinnen und Bürger (wieder) in unterschiedlichen persönlichen, sozialen und wirtschaftlichen Rollen anzusprechen. Dadurch wird zugleich ein Verständnis von gesellschaftlicher Komplexität erzeugt, das die Grundlage jeder Form der demokratischen Integration bildet. Drittens ist es für eine demokratische Politik essenziell, die realen Nöte von einsamen und ressentimentgeladenen Bürgerinnen und Bürgern ernst zu nehmen. Dadurch wird es möglich, eine sachliche Debatte diesseits des Ressentiments über soziale und ökonomische Interessen und Konflikte zu führen. Diese Form der politischen »Defokussierung«[37] kann zugleich auch dazu dienen, mit der Thematisierung von gegenwarts- und zukunftsbezogenen Herausforderungen die rückwärtsgewandte Negativität zu überwinden, welche den Opferdiskurs, Rechthaberei, Hasskommunikation und Verbitterung unter ressentimentgeladenen Bürgerinnen

37 Fleury, *Hier liegt Bitterkeit begraben*, S. 26.

und Bürgern prägt. Auch der aktive Verweis auf die Politiken der Gleichheit, der infrastrukturellen Daseinsvorsorge und der öffentlichen Güter sowie das staatliche Engagement gegen Einsamkeit kann zu einer sachbezogenen Auseinandersetzung mit einsamen und ressentimentgeladenen Bürgerinnen und Bürgern über ihre realen Nöte, deren gesellschaftliche und wirtschaftliche Ursachen und die demokratische Integration unserer Gesellschaft beitragen.

Doch welche Mühe sich demokratische Politik mit Blick auf das Ziel der demokratischen Integration aller Bürgerinnen und Bürger auch gibt: Sie wird – bei realistischer Betrachtungsweise – nicht alle ressentimentgeladenen Bürgerinnen und Bürger überzeugen. Denn radikal entfaltete Ressentiments verweigern sich der kontroversen Diskussion, der Freude an Komplexität, der kompromisshaften Schlichtung und der demokratischen Teilhabe.[38] In diesem Fall bleiben dann allein die Konzepte der streitbaren und der wehrhaften Demokratie, um den gesellschaftlichen Zusammenhalt und die demokratische Ordnung vor der antidemokratischen Radikalisierung und Instrumentalisierung von Ressentiments durch (national-)populistische Politikerinnen und Politiker sowie (rechts-)extremistische Parteien zu schützen. Diese verwandeln die realen Nöte von einsamen und ressentimentgeladenen Bürgerinnen und Bürgern in eine antidemokratische Machttechnik.[39] Sie kollektivieren den ressentimentalen Groll, sie radikalisieren den Opferdiskurs, sie vervielfältigen Verschwörungs-

38 Ebd., S. 84.

39 Vgl. hierzu und zum Folgenden Müller, *Ressentiment*, S. 63 ff., 79, 81; Illouz, *Undemokratische Emotionen*, S. 138 f., 156, 208.

theorien, sie stigmatisieren Migrantinnen und Migranten, Minderheiten und Eliten, die Bundesregierung und »Europa« als »Volksfeinde«, sie predigen Hass, sie normalisieren politische Gewalt, und sie bieten ressentimentgeladenen Bürgerinnen und Bürgern insbesondere die Identifikationsmöglichkeit mit rächenden Führerinnen und Führern an.[40]

## Streitbare Demokratie

Die streitbare Demokratie ist ein zivilgesellschaftliches Konzept des Grundgesetzes, um auf die antidemokratische Radikalisierung und (rechts-)extremistische Instrumentalisierung von Ressentiments zu reagieren.

Karl Mannheim hat das Konzept der streitbaren Demokratie in den 1940er Jahren als demokratische Antwort auf die nationalsozialistische Diktatur und Gewaltherrschaft, den Zweiten Weltkrieg und die deutsche Vernichtungspolitik formuliert: Die Bürgerinnen und Bürger werden – so Mannheim – in einer demokratischen Gesellschaft die »grundlegenden moralischen Werte wie Brüderlichkeit, gegenseitige Hilfe, soziale Gerechtigkeit, Freiheit, Anständigkeit, Menschenwürde« vertreten und verteidigen, »welche die Grundlage für ein friedliches Funktionieren einer sozialen Ordnung darstellen. Die neue streitbare Demokratie wird daher eine neue Einstellung zu Wertbegriffen entwickeln« und den Mut haben, »über gewisse grundlegende Wertbegriffe Einigung zu erzielen, die sich jeder zu eigen machen kann, der an der Tradition west-

40 Vgl. hierzu insbesondere Illouz, *Undemokratische Emotionen*, S. 138 f.

licher Zivilisation teilhat.«[41] Deshalb erwartet das Konzept der streitbaren Demokratie von den Bürgerinnen und Bürgern und der Zivilgesellschaft, dass sie die freiheitliche und soziale Demokratie engagiert verteidigen. Für diese streitbare Demokratie können die Bürgerinnen und Bürger und die Zivilgesellschaft zunächst ihre Meinungs-, Versammlungs- und Vereinigungsfreiheit nutzen, um sich öffentlich gegen die antidemokratische Radikalisierung und Instrumentalisierung von Ressentiments durch (national-)populistische Politikerinnen und Politiker sowie (rechts-)extremistische Parteien auszusprechen. Dies ist beispielsweise durch die bundesweiten Demonstrationen von Hunderttausenden von Bürgerinnen und Bürgern für die Demokratie und gegen die AfD und Rechtsextremismus im Frühjahr 2024 geschehen. Doch über diese grundrechtlichen Gewährleistungen hinaus ist der demokratische Verfassungsstaat verpflichtet, die streitbare Demokratie auch selbst zu fördern und zu praktizieren. Wie dies erfolgt, lässt sich beispielhaft anhand von drei staatlichen Politiken der streitbaren Demokratie veranschaulichen.[42]

Erstens muss der demokratische Verfassungsstaat gemeinsam mit der Europäischen Union einen rechtlichen Rahmen schaffen, der es den Bürgerinnen und Bürgern auch im digitalen Strukturwandel der Öffentlichkeit erlaubt, die streitbare Demokratie voll zu entfalten, ohne selbst wiederum unmittelbar Opfer von (sexualisierter) Hass- und Gewaltkommunikation auf der Schwelle der Online- und Offline-Welt zu werden. Deshalb versucht der Digital Services Act (DSA), allen

41 Mannheim, *Diagnose unserer Zeit*, S. 17 f.

42 Vgl. hierzu und zum Folgenden Kersten, »›Reichstags Moment‹«.

Bürgerinnen und Bürgern ein sicheres, vorhersehbares und vertrauenswürdiges Online-Umfeld durch die Regulierung von Dienstanbietern, Plattformen und Suchmaschinen zu bieten, in dem vor allem die europäischen Grundrechte wirksam geschützt werden (Art. 1 Abs. 1 DSA). Aus diesem Grund sind rechtswidrige Informationen zu vermeiden oder zu entfernen, die nicht im Einklang mit dem Unionsrecht oder dem Recht eines Mitgliedstaats stehen (Art. 3 lit. h DSA). Dies betrifft in erster Linie Hassrede sowie diskriminierende und terroristische Inhalte (Erwägungsgrund 12 DSA). Allerdings bleibt gegenwärtig noch abzuwarten, ob der Digital Services Act dieses Versprechen sicherer und demokratischer Kommunikationsregeln auch tatsächlich einzulösen vermag, um die Bürgerinnen und Bürger auch vor ressentimentgeladener Hass- und Gewaltkommunikation zu schützen. Darüber hinaus ist es notwendig, Hass und Gewalt sowohl in der Online- als auch in der Offline-Welt sehr viel konsequenter strafrechtlich zu verfolgen. Schließlich müssen auch die demokratischen Dimensionen der künstlichen Intelligenz noch verbindlich geregelt werden, wobei der geplante AI Act der Europäischen Union nur den Beginn einer umfassenden Regulierung darstellen kann.[43]

Zweitens ist es selbstverständlich, dass sich auch demokratische Politikerinnen und Politiker sowie Repräsentantinnen und Repräsentanten des demokratischen Verfassungsstaats in der streitbaren Demokratie engagieren. Das Bundesverfassungsgericht hat insoweit zwar entschieden, dass sich

43 Vgl. hierzu Hacker/Berz, »Der AI Act der Europäischen Union«.

Politikerinnen und Politiker soweit sie sich in ihrer Rolle als Repräsentantinnen und Repräsentanten staatlicher Ämter – also als Bundeskanzlerin oder Bundeskanzler, Bundesministerin oder Bundesminister oder als Bundespräsidentin oder Bundespräsident – äußern, auf parteipolitische Neutralität (Art. 21 Abs. 1 Satz 1 i. V. m. Art. 3 Abs. 1 oder Art. 38 Abs. 1 Satz 1 GG) verpflichtet sind.[44] Doch dies hindert auch Amtsträgerinnen und Amtsträger nicht, die Gefährdung des gesellschaftlichen Zusammenhalts und der demokratischen Ordnung durch die antidemokratische Radikalisierung und Instrumentalisierung von Ressentiments durch (national-)populistische Politikerinnen und Politiker sowie (rechts-)extremistische Parteien faktenbasiert und sachlich als Ausdruck der streitbaren Demokratie anzusprechen. Gerade der Bundespräsidentin bzw. dem Bundespräsidenten kommt hier aufgrund ihrer bzw. seiner umfassenden demokratischen Repräsentations- und Integrationsfunktion eine ganz entscheidende Rolle zu.

Drittens müssen auch die Staatsorgane selbst ihrer Aufgabe im Rahmen der streitbaren Demokratie gerecht werden, indem sie sich aktiv gegen die antidemokratische Radikalisierung und (partei-)politische Instrumentalisierung von Ressentiments wenden. Wie dies geschehen kann, lässt sich am Beispiel des Bundestags verdeutlichen.[45] So ist die Bundestagspräsidentin verfassungsrechtlich verpflichtet, gegen diskriminierende und rassistische Äußerungen von Abgeordne-

44 BVerfGE 136, 323 (331 ff.), für den Bundespräsidenten; BVerfGE 162, 207 (227 ff.), für die Bundeskanzlerin.

45 Vgl. hierzu und zum Folgenden Kersten, »Parlamentarismus und Populismus«, S. 932 m.w.N.

ten in Bundestagsdebatten einzuschreiten. Ressentimentale Diskriminierung und Rassismus verletzen – auch in der parlamentarischen Debatte – die Menschenwürdegarantie (Art. 1 Abs. 1 GG) und die Diskriminierungsverbote (Art. 3 Abs. 3 GG). Sie verstoßen darüber hinaus auch gegen die verfassungsrechtliche Anerkennung der Bestimmungen zur »Befreiung des deutschen Volkes vom Nationalsozialismus und Militarismus« (Art. 139 GG), wenn sie Ausdruck rechtsextremistischer oder nationalpopulistischer Ideologie sind. Aus diesem Grund ist die Redefreiheit der Abgeordneten (Art. 38 Abs. 1 Satz 2 GG) verfassungskonform eingeschränkt. Es greift das parlamentarische Sanktionsrecht in den Formen des Sach- und Ordnungsrufs, der Wortentziehung, des Ordnungsgelds und des Sitzungsausschlusses (§§ 36 ff. GOBT), um dem ressentimentalen Radikalismus im Deutschen Bundestag klare Grenzen aufzuweisen.

## Wehrhafte Demokratie

Die wehrhafte Demokratie umfasst alle verfassungsrechtlichen Instrumente, mit denen der Staat die freiheitlich demokratische Grundordnung aktiv gegen menschenverachtende und antidemokratische Angriffe verteidigt.

Die wehrhafte Demokratie des Grundgesetzes geht auf das Konzept der »militant democracy«[46] zurück, das Karl Loewenstein in den 1930er Jahren im Kampf gegen die faschistische und nationalsozialistische Zerstörung demokratischer Ver-

46 Loewenstein, »Militant Democracy and Fundamental Rights I«; ders., »Militant Democracy and Fundamental Rights II«.

fassungsordnungen entwickelt hat. Die Instrumente der wehrhaften Demokratie greifen grundsätzlich auch, wenn sich die antidemokratische Radikalisierung und (rechts-)extremistische Instrumentalisierung von Ressentiments gegen die freiheitliche demokratische Grundordnung richtet. Allerdings hat sich das verfassungsrechtliche Profil der wehrhaften Demokratie in den vergangenen zwei Jahrzehnten grundlegend verändert. Dieser Wandel geht insbesondere auf die Änderung der Rechtsprechung des Bundesverfassungsgerichts zum Parteienverbot zurück. Das Bundesverfassungsgericht kann Parteien als verfassungswidrig verbieten, die nach ihren Zielen oder nach dem Verhalten ihrer Anhängerinnen und Anhänger darauf ausgehen, die freiheitliche demokratische Grundordnung zu beeinträchtigen oder zu beseitigen oder den Bestand der Bundesrepublik Deutschland zu gefährden (Art. 21 Abs. 2 und Abs. 4 GG). Nach der Entscheidung des Bundesverfassungsgerichts im zweiten NPD-Verbotsverfahren aus dem Jahr 2017 ist ein solches Parteienverbot allerdings nur dann gerechtfertigt, wenn »konkrete Anhaltspunkte von Gewicht [...] einen Erfolg des gegen die freiheitliche demokratische Grundordnung oder den Bestand der Bundesrepublik Deutschland gerichteten Handelns zumindest möglich erscheinen lassen«.[47] Das Problem dieses sogenannten Potenzialitätskriteriums besteht darin, dass es im maßgeblichen Zeitpunkt eines potenziellen Erfolgs verfassungsfeindlicher Parteien für die Rettung der freiheitlichen Demokratie längst zu spät ist. Das Verbot einer großen Partei

47 BVerfGE 144, 20 (219).

ist faktisch kaum durchsetzbar. Damit haben die Karlsruher Richterinnen und Richter letztlich die wohl wichtigste »Lehre aus Weimar« vernachlässigt: Wehret den Anfängen! Aus diesem Grund sollte das Bundesverfassungsgericht wieder zu den Anforderungen für ein Parteienverbot zurückkehren, die es in seinem Urteil zum Verbot der KPD im Jahr 1956 entwickelt hat. Danach ist ein Parteienverbot möglich, wenn eine Partei eine »aktiv kämpferische, aggressive Haltung gegenüber der bestehenden Ordnung«[48] verfolgt, um planvoll das Funktionieren dieser Ordnung zu beeinträchtigen und zu beseitigen. Doch weil nach der neuen Karlsruher Rechtsprechung das Parteienverbot praktisch ausfällt, um die freiheitliche demokratische Grundordnung der Bundesrepublik – auch vor der antidemokratischen Radikalisierung und (partei-)politischen Instrumentalisierung von Ressentiments – effektiv zu schützen,[49] haben sich die Instrumente der wehrhaften Demokratie vollkommen neu arrondiert. Im Rahmen dieser Neuausrichtung der wehrhaften Demokratie erweisen sich weitere tradierte und neue Instrumente im Verhältnis von Aufwand und Wirkung als nicht sehr effektiv, um die freiheitliche demokratische Grundordnung zu schützen. Dies gilt vor allem für die Grundrechtsverwirkung (Art. 18 GG)[50] und das Parteienfinanzierungsverbot (Art. 21 Abs. 3 und Abs. 4 GG).[51]

48 BVerfGE 5, 85 (141).
49 Lübbe-Wolff, »Wehrhafte Demokratie«, zu der bisher offenen Frage, ob auch einzelne Landesverbände von bundesweit agierenden Parteien verboten werden könne.
50 Vgl. hierzu ebd.
51 Vgl. hierzu BVerfG, Beck-Rechtsprechung 2024, 444.

Vor diesem Hintergrund stellt sich die Frage, welche Instrumente der wehrhaften Demokratie überhaupt noch in der Lage sind, grundsätzlich, aber insbesondere auch mit Blick auf die antidemokratische Radikalisierung und (partei-)politische Instrumentalisierung von Ressentiments den Schutz der freiheitlichen demokratischen Grundordnung zu garantieren. Es sind vor allem vier Instrumente im Werkzeugkasten der wehrhaften Demokratie übrig geblieben: erstens das Vereinsverbot (Art. 9 Abs. 2 GG, §§ 3 ff. VereinsG), zweitens der Finanzierungsausschluss von parteinahen Stiftungen,[52] drittens der Verfassungsschutz und viertens die Verfassungstreue des öffentlichen Dienstes. Für die Bekämpfung der antidemokratischen Radikalisierung und der (partei-)politischen Instrumentalisierung von Ressentiments sind insbesondere der Verfassungsschutz und die Verfassungstreue des öffentlichen Dienstes äußerst ambivalent, aber gleichwohl andererseits unverzichtbar.

Der Verfassungsschutz wurde durch die Rechtsprechungsänderung des Bundesverfassungsgerichts zum Parteienverbot für die Verteidigung der freiheitlichen demokratischen Grundordnung verfassungspolitisch aufgewertet. Dies gilt vor allem auch hinsichtlich der Bekämpfung der antidemokratischen Radikalisierung und (partei-)politischen Instrumentalisierung von Ressentiments. Diese Aufwertung des Verfassungsschutzes ist jedoch deshalb äußerst ambivalent, weil dessen Haltung in der Bekämpfung des Rechtsradikalismus und Rechtsterrorismus in der Geschichte der Bundesrepublik keineswegs im-

52 BVerfG, *Neue Zeitschrift für Verwaltungsrecht* 42 (2023), S. 496 (509).

mer eindeutig war. So bestehen beispielsweise bis heute offene Fragen hinsichtlich der Rolle des Verfassungsschutzes im Kontext der NSU-Morde.[53] Auch ist der Verfassungsschutz für das desaströse Scheitern des ersten NPD-Verbotsverfahrens vor dem Bundesverfassungsgericht im Jahr 2003 verantwortlich: Drei Richterinnen und Richter des Bundesverfassungsgerichts sahen ein Verfahrenshindernis darin, dass V-Leute des Verfassungsschutzes auf der Führungsebene der NPD mit maßgeblichem Einfluss vertreten waren.[54] In Folge »mangelnder Staatsfreiheit« der NPD »auf der Führungsebene sowie mangelnder Staatsfreiheit des zur Antragsbegründung ausgebreiteten Bildes der Partei« wurde das Verbotsverfahren eingestellt, weil sich nicht die notwendige Zweidrittelmehrheit der acht Senatsmitglieder für ein Verbot der NPD aussprach (vgl. § 15 Abs. 4 Satz 1 BVerfGG).[55] Die NPD war also zu »staatsnah«, um verboten zu werden. Doch ungeachtet dessen lässt sich jedenfalls mit dem Wechsel an der Spitze des Bundesamtes für Verfassungsschutz im Jahr 2018 ein Wandel zu einer effektiveren Verteidigung der Bundesrepublik gegen Nationalpopulismus, Rechtsextremismus und Rechtsterrorismus feststellen.[56] In dieser demokratischen Ausrichtung kann der Verfassungsschutz der Verteidigung der freiheitlich demokratischen Grundordnung gegen die antidemokratische Radikalisierung und (partei-)politische Instrumentalisierung von Ressentiments gerecht werden.

53 Steinke, *Verfassungsschutz*, passim, insbesondere S. 13 ff.
54 BVerfGE 107, 339 (359 ff.).
55 BVerfGE 107, 339 (359).
56 Steinke, *Verfassungsschutz*, S. 175 ff.

Die Verfassungstreue des öffentlichen Dienstes ist für die Bekämpfung der antidemokratischen Radikalisierung und der (partei-)politischen Instrumentalisierung von Ressentiments ebenfalls essenziell. Der öffentliche Dienst und damit die demokratische und rechtsstaatliche Verwaltung müssen gegenüber Ressentiments immun sein. Wenn Beamtinnen und Beamte das Recht ressentimentgeladen anwenden, stellt dies den demokratischen Rechtsstaat infrage. Aus diesem Grund ist die Verfassungstreue von Beamtinnen und Beamten ein hergebrachter Grundsatz des Berufsbeamtentums (Art. 33 Abs. 5 GG).[57] Ressentimentgeladene Bürgerinnen und Bürger, die die demokratische Verfassungsordnung ablehnen oder sogar aktiv bekämpfen, können deshalb nicht Beamtinnen und Beamte werden (Art. 33 Abs. 2 GG). Wenn sich Beamtinnen und Beamte im Dienst von antidemokratischen Ressentiments getrieben radikalisieren, greift das Disziplinarrecht. Gerade hier verfolgt das Dienstrechtsänderungsgesetz 2023 das Ziel, Beamtinnen und Beamte, die sich gegen die freiheitliche demokratische Grundordnung wenden, durch eine Beschleunigung von Disziplinarverfahren schneller aus dem Beamtenverhältnis entfernen zu können.[58] In historischer Perspektive sind diese personalpolitischen Instrumente der wehrhaften Demokratie einerseits gerechtfertigt: Die Weimarer Republik ist auch daran zugrunde gegangen, dass sie demokratisch nicht durchweg auf loyale Beamtinnen und Beamten zählen konnte. Andererseits unterstreicht der ehemalige Prä-

57 BVerfGE 148, 296 (347 m. w. N.).

58 Bretschneider/Peter, »Das Dienstrechtsänderungsgesetz 2023« (m. w. N.)

sident des Bundesverfassungsgerichts Andreas Voßkuhle aber auch vollkommen zu Recht die demokratische Ambivalenz der Auswahl von Bewerberinnen und Bewerbern und die Entlassung von Beamtinnen und Beamten mit Blick auf ihre Verfassungstreue, indem er auf das »schwere Erbe des Radikalenerlasses«[59] verweist. Aus diesem Grund wirbt Voßkuhle dafür, politischen Extremismus im öffentlichen Dienst jedenfalls nicht ausschließlich mit disziplinarrechtlichen Mitteln, sondern vorrangig mit neuen personalpolitischen Instrumenten entgegenzuwirken: demokratisches und insbesondere gegen Rechtextremismus gerichtetes Agenda-Setting, die Intensivierung von dienstlichen Beobachtungs- und Berichtspflichten, die Regelung des Erscheinungsbildes von Beamtinnen und Beamten (Stichwort: verfassungsfeindliche Symbole) sowie Bildungs- und Präventionsmaßnahmen.[60] Dies gilt insbesondere auch für die Bekämpfung der antidemokratischen Radikalisierung und der (partei-)politischen Instrumentalisierung von Ressentiments im öffentlichen Dienst, um eine demokratische und rechtsstaatliche Verwaltung in der Bundesrepublik Deutschland zu gewährleisten.

59 Voßkuhle, »Extremismus im öffentlichen Dienst«, S. 1843.
60 Ebd., S. 1844 ff. m. umf. N.

# VIII Einsamkeit und Ressentiment als kollektives Schicksal?

Wer Einsamkeit und Ressentiment zum Thema macht, der und die bewegen sich rasch in ambivalenten Zonen des gesellschaftlichen Zusammenlebens. Die Verbindungen zwischen diesen beiden sozialen Erfahrungen und Gefühlen erscheinen auf den ersten Blick evident. Bei näherem empirischem Hinsehen wird ihr Verhältnis freilich komplizierter. Nicht jede, die einsam ist, zehrt sich in ihren Ressentiments auf. Zugleich schützt die Gemeinschaft nicht vor der Ausbildung und Pflege starker Gefühle des Hasses, der Ablehnung und des Zorns. Im Gegenteil: Gemeinschaft bestätigt und verstärkt häufig sogar Ressentiments. Auf der anderen Seite ist unübersehbar, dass in der Einsamkeit das Korrektiv fehlt – ein Gegenüber, das die Vorurteile und Ressentiments, die Gefühle der Ablehnung und Abweisung, die wir alle in uns tragen, ins richtige Maß setzt. Insoweit ist die vorliegende Schrift ein Impuls, das Verhältnis von Einsamkeit und Ressentiment neu zu denken – in dreifacher Hinsicht:

Zum einen können wir an dem Verhältnis von Einsamkeit und Ressentiment den gesellschaftlichen Umgang mit Verwundbarkeit nachvollziehen. Mit Verwundbarkeit klarzukommen, das ist ein wichtiger Lerneffekt für demokratische Gesellschaften in Zeiten einer Polykrise, die in vielerlei Hinsicht ein starker Einsamkeitsverstärker und Ressentimentbeschleuniger ist. Das galt in der Pandemie, die uns mit Nachdruck unsere körperliche und auch die institutionelle Vulnerabilität vor Augen führte. Die Angst vor der Krankheit und die Gewissheit, dass unsere Institutionen des Gesundheitswesens, der Bildung, des Verkehrswesens oder der kulturellen Öffentlichkeit für eine solche Krise nur unzureichend gerüstet sind, waren nachdrückliche Erfahrungen, die das Vertrauen in die politische Leistungsfähigkeit einer demokratischen Gesellschaft mindestens geschwächt haben. Die Rückkehr des Krieges, die temporäre Eskalation der Inflation und vor allem die persistierende Klimakatastrophe verstärken diese Effekte der Verwundbarkeit. Zugleich sehen wir, dass einsam zu sein und zu bleiben, kein unabwendbares Schicksal ist, genauso wenig sind Ressentimenthaltungen und -kulturen unveränderbar und quasi eine natürliche Krisenreaktion.

Auf der anderen Seite konnten wir Felder der Einsamkeit identifizieren und Anlässe des Ressentiments skizzieren. Wir erkennen aber auch, dass die Geschichte um Einsamkeit und Ressentiment damit noch nicht zu Ende erzählt ist. Das gilt mit Blick auf soziale und familiäre Beziehungen, und das gilt mit Blick auf Arbeit und Beschäftigung. Einsamkeit kann auch eine Erfahrung in familiären Strukturen sein. Familie und existierende soziale Nahbeziehungen sind nicht per se ein Schutz vor Einsamkeit. Wir haben das am Beispiel der Jugendlichen während der Pandemie gesehen oder aufgezeigt, dass Menschen, die in weniger gut ausgestatteten Wohnlagen leben, ein höheres Risiko tragen, zu vereinsamen. Zugleich spricht aber auch vieles dafür, dass das Leben alleine, ob in der Jugend, in der Phase der Erwerbstätigkeit oder gerade auch im Alter, Gefühle der Einsamkeit provozieren kann. Einsamkeit hat trotz oder vielleicht auch wegen veränderter Wohnformen und Lebensformen in den vergangenen Jahren nicht bedeutend zugenommen.[1] Persönliche Bindungen frei wählen zu können, bedeutet das womöglich weniger Einsamkeit in Beziehungen? Aber welchen Einfluss haben über Generationen hinweg schrumpfende familiäre Strukturen auf Vereinsamung? Altern heißt heute viele Jahre in Gesundheit und Aktivität verbringen zu können, oft gemeinsam mit einer Partnerin oder einem Partner. Doch hohes Alter stellt eben auch ein Risiko für die Einsamkeit der späten Jahre dar. Diese Fragen verweisen möglicherweise weniger auf empirische Leerstellen in der Forschung als vielmehr auf ein unklares Familienbild in der Soziologie. Die bürgerliche Kernfamilie scheint nicht (mehr) den Erwartungen vieler Sozialforscherinnen und Sozialforscher zu entsprechen. Als interessanter werden bunte, vielfältige Familienformen bewertet. Sie gelten als die modernen Formen einer Familie, die sich in ihrer Quantität und Qualität je nach Lebensphase verändert. Aber ist das ein adäquates Bild der familiären Wirklichkeit? Und zieht nicht gerade die Kleinfamilie Ressentiments auf sich – als Familienhölle und letztes Refugium patriarchaler Herrschaft?

Das Thema Einsamkeit wäre daher ein gutes Feld, um veränderten Familienformen und ihren sozialen Erfahrungen und Bewertungen näher zu kommen. Doch diese Perspektive fehlt weitgehend, abgesehen von Stereotypen, die durch die Ratgeberliteratur und die bunten Blätter rauschen. Auch das

1 Vgl. Luhmann/Bücker/Rüsberg, »Loneliness across Time and Space«.

Thema Ressentiment ist hier nicht weit entfernt. Welche Ressentiments gehen mit der Erfahrung einher zurückzubleiben. Wenn die jungen Leute und in der Folge die Kindeskinder das Dorf oder die Kleinstadt verlassen und bestenfalls noch zu den Feiertagen oder im Falle der Enkelkinder in den Ferien »nach Hause« kommen, verändert sich die Lebenssituation der älteren Menschen vor Ort. Nicht nur geht ihnen die konkrete Lebenserfahrung verloren, die nachfolgenden Generationen bei ihrer beruflichen Etablierung oder beim Heranwachsen zu erleben; auch materielle Werte verfallen. Was sind Wohnhaus und Garten noch wert, wenn die jungen Leute dem Ort den Rücken kehren? Wozu wurde all die Arbeit investiert, wenn sich in Zukunft doch niemand mehr dafür interessiert? Auch diese Erfahrungen konstituieren Einsamkeitsgefühle und prägen den Zorn auf die »gesellschaftlichen Verhältnisse«, die vermeintlich dafür gesorgt haben, dass die Familie zerbrochen ist und der generationale Transfer – das Erbe – nicht mehr funktioniert.

Diese Dimensionen einer soziologischen Tiefengeschichte familiären Wandels – der bei niedrigen Geburtenraten, hohen Trennungszahlen, wachsender Alterung und struktureller Singularisierung auch als Entfamiliarisierung bezeichnet werden könnte – bedürfen weiterer Betrachtung. Denn es spricht manches dafür, dass sich der gesellschaftliche Haushalt an Ressentimenterfahrungen nicht zuletzt aus familiären Umbrüchen speist. Der Verlust von Zusammenhalt beginnt jedenfalls nicht erst jenseits des eigenen Gartenzauns. Das bedeutet umgekehrt jedoch nicht, dass die Rekonstruktion und die Wiedereinsetzung einer kompletten und komplexen

Familienwelt eine Lösung der Herausforderungen wären. Aber gegebenenfalls unterschätzen wir in der Sozialforschung die Wucht der Erfahrungen der strukturellen Entfamiliarisierung für die Bilder, die sich Menschen von ihrer gesellschaftlichen Umgebung machen.

In ähnlicher Weise gilt dies für die Arbeits- und Berufswelt. Wir finden keine empirischen Hinweise, dass Arbeit heute einsamer macht als in der Vergangenheit. Daran ändern auch die pandemiebedingten Diskussionen über die vereinsamende Wirkung von Home-Office oder Remote-Work nichts. Und auch prekäre Beschäftigungsformen wie Leiharbeit, Solo-Selbständigkeit, Befristung oder betriebliches Outsourcing lassen gegebenenfalls Formen betrieblicher Kollegialität oder Loyalität schwinden. Aber machen sie deswegen einsam? Und auch die durch den arbeitsgesellschaftlichen Strukturwandel bedingten beruflichen oder sozialen Auf- und Abstiege lassen sich nicht ohne Weiteres auf die Formel von Einsamkeit und Ressentiment bringen. Denn sicher verliert der Absteiger etwas – sein Einkommen, sein Prestige, seine gesellschaftliche Repräsentanz, aber macht das zwangsläufig einsam? Abstiegermilieus können durchaus auch gemeinschaftsbildende Kräfte entfalten, und Statusverlust vermag Ressentiments zu mobilisieren – gegen die, die mit den Zeitläuften besser zurechtkommen oder sich in diesen etablieren. Doch auch die Aufsteigerin ist keine klar gezeichnete Figur, die ohne Ressentiments und Argwohn durchs Leben geht. Gerade bei Aufsteigerinnen und Aufsteigern, den Gewinnern gesellschaftlichen Wandels, prägen sich Ressentiments gegen diejenigen aus, die entweder zurückbleiben oder im Wege stehen. Und zudem kann der Verlust der Stabilität der sozialen Herkunft einsam machen. Und diese Lebensläufe teilen Aufsteigerinnen und Absteiger. Man verlässt die eigenen Kreise, muss sich in veränderten und neuen Umfeldern etablieren und durchsetzen. Auf bewährte Muster und Einstellungen kann man ab einem bestimmten Punkte des Aufstiegs nicht mehr zurückgreifen. Ist das nicht eine mehr vereinsamende Perspektive als mancher Abstiegsprozess? Wie auch immer wir all diese Fragen beantworten: Der Zusammenhang von Einsamkeit und Ressentiment bedarf eines präzisen empirischen Blicks auf Familienwirklichkeiten und Arbeitswelten – ein Forschungsprogramm in statu nascendi.

Eine dritte Bemerkung und eine Art Resümee des Geschriebenen könnte sein: Uns bestätigen die aktuellen Zeitläufte in der Relevanz unserer Fragestellung. Zornige Lokführer, vor Wut entgleisende Bauern, empörte Apothekerinnen und Arzthelfer – Streikbereitschaft aller Orten! Diese Bereitschaft zum Ungehorsam, zum öffentlichen sichtbaren Ressentiment wird von der Haltung getragen, dass »die da oben« nicht mehr wissen, was »dort unten« passiert; und sie wird befeuert von dem Gefühl, in der Gesellschaft mit seinen Problemen alleine zu stehen, also kollektiv einsam zu sein. Vielleicht erkennen wir in der historischen Rückschau, dass die Corona-Zeit die Auslöserin all dieser Tendenzen radikaler Ressentimentbildung war. Sie hat dafür gesorgt, dass Einsamkeit zum kollektiven Schicksal wurde. Einsamkeit war nicht mehr das Schicksal der wenigen Vereinzelten, die Pech im Leben hatten und die am Rande stehen, die keine Beachtung finden und die auf den Aufmerksamkeitsmärkten einer medialen

Gesellschaft nicht klarkommen. Einsamkeit war ab dem März 2020 eine geteilte Erfahrung und eine Anforderung, die staatlicherseits in Zeiten großer Unsicherheit dekretiert wurde. Ressentiments waren nicht mehr eingehegt im Familien- oder Freundeskreis, quasi privatisiert. Ressentiments waren und sind zum öffentlichen Bekenntnis geworden. Verallgemeinert hat sich auf diese Weise eine Kultur, in der sich jeder und jede benachteiligt fühlen darf und diese Benachteiligung durch die digitalisierten Plattformen zu einem Kollektivgut öffentlicher Erfahrung machen kann. So nimmt es kaum Wunder, dass Wertschätzung, Anerkennung, Sichtbarkeit, Selbstwirksamkeit zu Leitvokabeln der Gesellschaftserfahrung unserer Zeit wurden – und eben nicht Solidarität, Konsensfindung oder Kompromissbereitschaft. Wenn man sich selbst als zu wenig wertgeschätzt sieht, dann bleibt kein Platz für andere, dann zählt nur das eigene Ich, die eigene Befindlichkeit, das eigene Sorgenregister. Keine einfache Zeit für gesellschaftlichen Zusammenhalt und demokratische Ordnung – das lehrt der Blick auf Einsamkeit und Ressentiment.

# Literatur

**Abrams, Samuel J.**, »On the Importance of Public Spaces and the Loneliness Epidemic«, Washington, 17.5.2023 (https://www.aei.org/press/on-the-importance-of-public-spaces-and-the-loneliness-epidemic-sam-abrams-on-ksl-newsradios-inside-sources-with-boyd-matheson/; 18. 4. 2024).

**Adorno, Theodor W.**, »Anti-Semitism and Fascist Propaganda«, in: ders., Gesammelte Schriften, 8. Band, Frankfurt am Main 1997, S. 397–407.

**Adorno, Theodor W.**, *Negative Dialektik*, in: ders., Gesammelte Schriften, 6. Band, Frankfurt am Main 1997, S. 7–412.

**Adorno, Theodor W.**, »The Authoritarian Personality – Prejudice in the Interview Material«, in: ders., Gesammelte Schriften, 9.1. Band, Frankfurt am Main 1997, S. 265–331.

**Amlinger, Carolin / Nachtwey, Oliver**, *Gekränkte Freiheit. Aspekte des libertären Autoritarismus*, Berlin 2023.

**Arendt, Hannah**, *Elemente und Ursprünge totaler Herrschaft*, München/Zürich 1991.

**Barron, Laignee**, »British People Are So Lonely That They Now Have a Minister for Loneliness«, in: *Time*, 18. 1. 2018 (https://time.com/5107252/minister-for-loneliness-uk/; 18. 4. 2024).

**Baumeister, Roy F. / Leary, Mark R.**, »The Need to Belong: Desire for Interpersonal Attachments as a Fundamental Human Motivation«, in: *Psychological Bulletin*, 117 (1995), S. 497–529.

**Bender, Michael C.**, *»Frankly, We Did Win This Election«. The Inside Story of How Trump Lost*, New York 2021.

**Böckenförde, Ernst-Wolfgang**: »Die Verfolgung der deutschen Juden als Bürgerverrat«, in: ders., *Staat, Nation, Europa. Studien zur Staatslehre, Verfassungstheorie und Rechtsphilosophie*, Frankfurt am Main 1999, S. 276–286.

**Böger, Anne / Wetzel, Martin / Huxhold, Oliver**, »Allein unter vielen oder zusammen ausgeschlossen: Einsamkeit und wahrgenommene soziale Exklusion in der zweiten Lebenshälfte«, in: Katharina Mahne/Julia Wolff/Julia Simonson/Clemens Tesch-Römer (Hg.), *Alter im Wandel*, Wiesbaden 2017, S. 273–285.

**Bolz, Norbert**, »Lust der Negation. Die Geburt der Kritischen Theorie aus dem Geist des Ressentiments«, in: *Merkur* 665 (2004), S. 754–761.

**Bretschneider, Harald / Peter, Markus**, »Das Dienstrechtsänderungsgesetz 2023«, in: *Neue Zeitschrift für Verwaltungsrecht* 43 (2024), S. 16–20.

**Bücker, Susanne**, »Einsamkeit – Erkennen, evaluieren und entschlossen entgegentreten. Schriftliche Stellungnahme für die öffentliche Anhörung BT-Drs. 19/25249«, Bochum 2021 (https://www.bundestag.de/resource/blob/833538/3db278c99cb6df3362456fefbb6d84aa/19-13-135dneu-data.pdf; 18. 4. 2024).

**Bücker, Susanne / Ebert, Tobias / Götz, Friedrich M. / Entringer, Theresa M. / Luhmann, Maike**, »In a Lonely Place: Investigating Regional Differences in Loneliness«, in: *Social Psychological and Personality Science* (SPPS) 2020.

**Bücker Susanne / Mund, Marcus / Chwastek, Sandy / Sostmann, Melinda / Luhmann, Maike**, »Is Loneliness in Emerging Adults Increasing Over Time? A Preregistered Cross-Temporal Meta-analysis and Systematic Review«, in: *Psychol Bull.* 147 (2021), S. 787–805.

**Bundesministerium für Familie, Senioren, Frauen und Jugend**, *Strategie der Bundesregierung gegen Einsamkeit*, Berlin 2023 (https://www.bmfsfj.de/bmfsfj/themen/engagement-und-gesellschaft/strategie-gegen-einsamkeit; 18. 4. 2024).

**Cacioppo, John T. / Cacioppo, Stephanie**, »The Growing Problem of Loneliness«, in: *The Lancet* 391 (2018), S. 426.

**Cacioppo, Stephanie / Capitanio, John P. / Cacioppo, John T.**, »Toward a Neurology of Loneliness«, in: *Psychol Bull.* 140 (2014), S. 1464–1504.

**Cihlar, Volker / Reinhart, Anna / Lippke, Sonia**, »Einsamkeit im Alter: die geografische und psychosoziale Perspektive«, in: Teti, Andrea / Nowossadeck, Enno / Fuchs, Judith / Künemund, Harald (Hg.), *Wohnen und Gesundheit im Alter, Vechtaer Beiträge zur Gerontologie* 2022, S. 55–76.

**CORRECTIV**, »Geheimplan gegen Deutschland, 10. Januar 2024« (https://correctiv.org/aktuelles/neue-rechte/2024/01/10/geheimplan-remigration-vertreibung-afd-rechtsextreme-november-treffen/; 18. 4. 2024).

**Cox, Daniel**, »Could Social Alienation Among Some Trump Supporters Help Explain Why Polls Underestimated Trump Again?«, in: *FiveThirtyEight*, 24. 11. 2020 (https://fivethirtyeight.com/features/could-social-alienation-among-some-trump-supporters-help-explain-why-polls-underestimated-trump-again/; 18. 4. 2024).

**Cox, Daniel A. / Streeter, Ryan**, *The Importance of Place: Neighborhood Amenities as a Source of Social Connection and Trust*, American Enterprise Institute, Washington 2019.

**Cox, Daniel A. / Streeter, Rayn / Wilde, David**, *A Loneliness Epidemic? How Marriage, Religion, and Mobility explain the Generation Gap in Loneliness*, American Enterprise Institute, Washington 2019.

**Dausend, Peter / Knaup, Horand**, *»Alleiner kannst Du gar nicht sein«. Unsere Volksvertretung zwischen Macht, Sucht und Angst*, München 2020.

**Decker, Oliver / Kiess, Johannes / Heller, Ayline / Brähler, Elmar (Hg.)**, *Autoritäre Dynamiken in unsicheren Zeiten. Neue Herausforderungen – alte Reaktionen?*, Leipziger Autoritarismus Studie 2022, Gießen 2022.

**Deppisch, Larissa**, »Wo sich Menschen auf dem Land abgehängt fühlen ..., hat der Populismus freie Bahn«, Thünen Working Paper 119, Braunschweig 2019.

**Deppisch, Larissa / Klärner, Andreas / Osigus, Torsten**, »Ist die AfD in ländlichen Räumen besonders erfolgreich?«, in: Janine Dieckmann (Hg.), *Wissen schafft Demokratie. Ländlicher Raum*, Jena 2019, S. 75–87.

**Deppisch, Larissa / Osigus, Torsten / Klärner, Andreas**, »How Rural is Rural Populism? On the Spatial Understanding of Rurality for Analyses of Right-wing Populist Election Success in Germany«, in: *Rural Sociology* 87(S1) 2022, S. 692–714.

**Deutsche Stiftung Depressionshilfe und Suizidprävention**, *Einsamkeit und Depression. Deutschland-Barometer Depression 2023* (https://www.deutsche-depressionshilfe.de/forschungszentrum/deutschland-barometer-depression/einsamkeit; 18. 4. 2024).

**Deutscher Bundestag-Wissenschaftliche Dienste**, *Studien zur Verbreitung von Einsamkeit in Deutschland und Europa*, WD 9-3000-010/21, Berlin 2021.

**D'Hombres, Beatrice / Barjaková, Martina / Schnepf, Sylke V.**, »Loneliness and Social Isolation. An Unequally Shared Burden in Europe«, IZA Discussion Papers, No. 14245, Bonn 2021.

**Diermeier, Matthias**, »Ist mehr besser? Politische Implikationen der disparaten Daseinsvorsorge in Deutschland«, in: *Zeitschrift für Politikwissenschaft* 30 (2020), S. 539–568.

**Durkheim, Emile**, *Der Selbstmord*, Frankfurt am Main 1983.

**Engels, Dietrich / Engel, Heike / Schmitz, Alina**, *Zweiter Teilhabebericht der Bundesregierung über die Lebenslagen von Menschen mit Beeinträchtigungen*, im Auftrag des Bundesministeriums für Arbeit und Soziales, Berlin 2016.
**Engels, Jeremy**, *The Politics of Resentment. A Genealogy*, University Park 2015.
**Entringer, Theresa**, *Epidemiologie von Einsamkeit in Deutschland. Kompetenznetz Einsamkeit*, Expertise 4/2022, Frankfurt am Main/Berlin 2022.
**Europäische Kommission**, *Fairness, Inequality and Intergenerational Mobility*, Special Eurobarometer 471, Brüssel 2018.

**Fernbach, Philip M. / Van Boven, Leaf**, »False Polarization: Cognative Mechanisms and Potential Solutions«, in: *Current Opinion*, in: *Psychology* 43 (2022), S. 1–6.
**Fielitz, Maik / Marcks, Holger**, »Digital Fascism, Challenges for the Open Society in Times of Social Media«, in: UC Berkeley: Center for Right-Wing Studies 2019 (https://escholarship.org/uc/item/87w5c5gp; 18. 4. 2024).
**Fleury, Cynthia**, *Hier liegt Bitterkeit begraben. Über Ressentiments und ihre Heilung*, Berlin 2023.
**Freiheit, Manuela / Sitzer, Peter / Heitmeyer, Wilhlem**, »Rechte Bedrohungsallianzen in städtischen Zentren und ländlichen Peripherien – eine vergleichende Analyse«, in: Daniel Mullis / Judith Miggelbrink (Hg.), *Lokal extrem Rechts*, Bielefeld 2022, S. 62–83.
**Fulton, Laure / Jupp, Ben**, »Investing to Tackle Loneliness«, Discussion Paper, Social Finance, London 2015.

**Greffrath, Mathias**, *Montaigne heute. Leben in Zwischenzeiten*, Zürich 1998.

**Hacker, Philipp / Berz, Amelie**, »Der AI Act der Europäischen Union – Überblick, Kritik und Ausblick«, in: *Zeitschrift für Rechtspolitik* 56 (2023), S. 226–229.
**Haffert, Lukas**, *Stadt, Land, Frust. Eine politische Vermessung*, München 2022.
**Hans Böckler Stiftung**: *Soziale Ungleichheit in Deutschland*, 7. 11. 2023. (https://www.boeckler.de/de/auf-einen-blick-17945-20845.htm; 18. 4. 2024
**Hawkley, Louise C. / Bücker, Susanne / Kaiser, Till / Luhmann, Maike**, »Loneliness from Young Adulthood to Old Age. Explaining Age Differences in Loneliness«, in: *International Journal of Behavioral Development* 46 (1/2022), S. 39–49.

**Hawkley, Louise C. / Hughes, Mary E. / Waite, Linda J. / Masi, Christopher M. / Thisted, Ronals A. / Cacioppo, John T.**, »From Social Structural Factors to Perceptions of Relationship Quality and Loneliness: The Chicago Health, Aging, and Social Relations Study«, in: *The Journals of Gerontology*, Series B: Psychological Sciences and Social Sciences, 63 (2008), S. 375–384.
**Hecht, Martin**, *Die Einsamkeit des modernen Menschen. Wie das radikale Ich unsere Demokratie bedroht*, Bonn 2021.
**Heinich, Nathalie**, »Sublimer le ressentiment. Elias et le cinq voies vers une autre sociologie«, in: *Revue du MAUSS* 44 (2014), S. 289–298.
**Heinrich, Liesl M. / Gullone, Eleonora**, »The Clinical Significance of Loneliness: a Literature Review«, in: *Clinical Psychology Review* 26 (2006), S. 695–718.
**Herb, Karlfriedrich / Strömel, Sarah Rebecca**, »Einsame Herzen. Tocqueville und die Demokratie«, in: *Zeitschrift für Politik* 66 (2019), S. 365–383.
**Herbst, Saraha / Mautz, Rüdiger / Vogel, Berthold**, *Gleichzeitig ungleich. Inmitten der pandemischen Arbeitswelt*, Frankfurt am Main 2023.
**Hertz, Noreena**, *Das Zeitalter der Einsamkeit. Über die Kraft der Verbindung in einer zerfaserten Welt*, Hamburg 2021.
**Heu, Luzia C. / Brennecke, Tom**, »By Yourself, Yet not Alone: Making Space for«, in: *Urban Studies* 60 2023, S. 3187–3197.
**Heu, Luzia C. / Hansen, Nina / Zomeren, Martijn van / Levy, Aharon / Ivanova, Tsventia T. / Gangadhar, Aiswarya / Radwan, Mahmound**, »Loneliness Across Cultures with Different Levels of Social Embeddedness: A Qualitative Study«, in: *Personal Relation* 28 (2021), S. 379–405.
**Hochschild, Arlie Russell**, *Fremd in ihrem Land*, Frankfurt am Main 2017.
**Honneth, Axel**, »Das Werk der Negativität. Eine psychoanalytische Revision der Theorie der Anerkennung«, in: ders., *Das Ich im Wir. Studien zur Anerkennungstheorie*, Frankfurt am Main 2010, S. 251–260.
**Huxhold, Oliver / Tesch-Römer, Clemens**, »Einsamkeit steigt in der Corona-Pandemie bei Menschen im mittleren und hohen Erwachsenenalter gleichermaßen deutlich«, in: *dza aktuell* 4/2021, Berlin 2021.

**Illouz, Eva (Mitarbeit von Avital Sicron)**, *Undemokratische Emotionen. Das Beispiel Israel*, Berlin 2023.

**Jensen, Uffa**, *Zornpolitik*, Berlin 2017.
**Jünger, Ernst**, *Der Waldgang*, in: ders., Sämtliche Werke, 7. Band, Stuttgart 1980, S. 281–374.

**Kästner, Erich**, »Kleines Solo«, in: ders., *Der tägliche Kram. Chansons und Prosa 1945–1948*, Zürich 1948, S. 179–180.

**Kant, Immanuel**, *Grundlegung zur Metaphysik der Sitten*, in: ders., Werkausgabe, hrsg. von Wilhelm Weischedel, 7. Band, 11. Aufl., Frankfurt am Main 1991, S. 7–102.

**Kant, Immanuel**, *Idee zu einer Geschichte in weltbürgerlicher Absicht*, in: ders, Werkausgabe, hrsg. von Wilhelm Weischedel, 11. Band, Frankfurt am Main 1977, S. 31–50.

**Kaube, Jürgen / Kieserling, André**, *Die gespaltene Gesellschaft*, Berlin 2022.

**Kersten, Jens**, *Die Verfassung öffentlicher Güter*, Baden-Baden 2023.

**Kersten, Jens**, »Parlamentarismus und Populismus«, in: *Juristische Schulung* 58 (2018), S. 929–936.

**Kersten, Jens**, »›Reichstags Moment‹– Der Sturm auf das Capitol und die Gefährdung der repräsentativen Demokratie«, in: Ulrich Battis, *Demokratie als Bauherrin. Eine Antrittsvorlesung*, hrsg. und kommentiert von Peter Bultmann, Klaus Joachim Grigoleit, Christoph Gusy, Jens Kersten, Christian-W. Otto und Christina Preschel, Baden-Baden 2024 (im Erscheinen).

**Kersten, Jens**, »Wir müssen alle unser Leben ändern. Recht, Psychologie, Krise«, in: *Verfassungsblog*, 23.6.2022.

**Kersten, Jens / Neu, Claudia / Vogel, Berthold**, *Das Soziale-Orte-Konzept. Zusammenhalt in einer vulnerablen Gesellschaft*, Bielefeld 2022.

**Kersten, Jens / Neu, Claudia / Vogel, Berthold**, »Gleichwertige Lebensverhältnisse – Für eine Politik des Zusammenhalts«, in: *Aus Politik und Zeitgeschichte* 46/2019, S. 4–11.

**Klärner, Andreas / Osigus, Torsten**, »Ergebnisse der Bundestagswahl 2021: ländliche Räume im Fokus«, Thünen Working Paper 181, Braunschweig 2021.

**Klärner, Andreas / Osigus, Torsten / Deppisch, Larissa**, »›Gefühle des Abgehängtseins‹ in ländlichen Räumen?«, Thünen Project Brief, Nr. 38, Braunschweig 2023.

**Körner, Jürgen**, »Ressentiments und Gegenressentiments. Psychoanalytische Betrachtungen«, in: *Merkur* 665 (2004), S. 924–933.

**Kollmorgen, Raj**, »Ostdeutsche Identität(en)?«, in: Bundeszentrale für politische Bildung, Dossier Lange Wege der Deutschen Einheit, 2022 (https://www.bpb.de/themen/deutsche-einheit/lange-wege-der-deutschen-einheit/506139/ostdeutsche-identitaet-en/; 18. 4. 2024).

**Krause, Laura-Kristine / Gagné, Jeremie**, *Die andere deutsche Teilung. Zustand und Zukunftsfähigkeit unserer Gesellschaft*, hrsg. von More in Common, Berlin 2019.

**Langenkamp, Alexander**, »Enhancing, Supressing or Something Between – Loneliness and Five Forms of Political Participation across Europe«, in: *European Studies* 23 (2021), S. 311–332.
**Langenkamp, Alexander**, »Lonely Hearts, Empty Boots? The Relationship between Loneliness, Reported Voting Behavoir and Voting as a Civic Duty«, in: *Social Science Quarterly* 102 (2021), S. 1239–1254.
**Langenkamp, Alexander / Bienstman, Simon**, »Populism and Layers of Social Belonging: Support of Populist Parties in Europe«, in: *Political Psychology* 43 (2022), S. 931–949.
**Loewenstein, Karl**, »Militant Democracy and Fundamental Rights I«, in: *American Political Science Review* 31 (1937), S. 417–432.
**Loewenstein, Karl**, »Militant Democracy and Fundamental Rights II«, in: *American Political Science Review* 31 (1937), S. 638–658.
**Lübbe-Wolff, Gertrude**, »Wehrhafte Demokratie. Die Instrumente des Parteienverbots und der Grundrechtsverwirkung«, in: *Verfassungsblog*, 13. 10. 2023 (https://verfassungsblog.de/wehrhafte-demokratie/; 19. 4. 2024.
**Luhmann, Maike**, *Definition und Formen der Einsamkeit*, Kompetenznetz Einsamkeit Expertise 1/2022, Frankfurt am Main / Berlin 2022.
**Luhmann, Maike**, »›Einsamkeit ist ein Spektrum‹. Interview mit Max Florian Kühlem«, in: *Süddeutsche Zeitung*, 22.12.2023.
**Luhmann, Maike / Brickau, Debora / Schäfer, Bernd / Mohr, Peter / Schmitz, Miriam / Neumann, Alicia / Steinmayr, Ricarda**, *Einsamkeit unter Jugendlichen in NRW nach der Pandemie* (https://www.land-nrw/media/31050; 18. 4. 2024).
**Luhmann, Maike / Bücker, Susanne**, *Einsamkeit und soziale Isolation im hohen Alter*, Projektbericht im Auftrag des Bundesministeriums für Familie, Senioren, Frauen und Jugend, Berlin 2019.
**Luhmann, Maike / Bücker, Susanne / Rüsberg, Marilena**, »Loneliness across Time and Space«, in: *Nature Reviews Psychology* 2 (2023), S. 9–23.
**Luhmann, Maike / Hawkley, Louise C.**, »Age Differences in Loneliness from Late Adolescence to Oldest Old Age«, in: *Developmental Psychology* 52 (2016), S. 943–959.
**Luhmann, Niklas**, *Rechtssoziologie*, Opladen 1987.
**Lyu, Yingying / Forsyth, Ann**, »Planning, Aging, and Loneliness: Reviewing Evidence About Built Environment Effects«, in: *Journal of Planning Literature*, 37 (2022), S. 28–48.

**Maes, Marlies / Qualter, Pamela / Vanhalst, Janne / Van den Noortgate, Wim / Goossens, Luc**, »Gender Differences in Loneliness Across the Lifespan: A Meta-Analysis«, in: *European Journal of Personality* 33 (2019), S. 642–654.

**Mannheim, Karl**, *Diagnose unserer Zeit. Gedanken eines Soziologen*, Zürich/Wien/Konstanz 1951.

**Marquard, Odo**, »Plädoyer für Einsamkeitsfähigkeit«, in: ders., *Skepsis und Zustimmung. Philosophische Studien*, Stuttgart 1994, S. 110–122.

**Matthews, Timothy / Odgers, Candice L. / Danese, Andrea / Fisher, Helen L. / Newbury, Joanne B. / Caspi, Avshalom / Moffit, Terrie E. / Arseneault, Louise**, »Loneliness and Neighborhood Characteristics: A Multi-Informant, Nationally Representative Study of Young Adults«, in: *Psychological Science*, 30 (2019), S. 765–775.

**Mau, Steffen / Lux, Thomas / Westheuser, Linus**, *Triggerpunkte. Konsens und Konflikt in der Gegenwartsgesellschaft*, Berlin 2023.

**Miggelbrink, Judith / Mullis, Daniel**, »Das Lokale, Subjektivierung und die extreme Rechte«, in: Daniel Mullis / Judith Miggelbrink (Hg.), *Lokal extrem Rechts*, Bielefeld 2022, S. 19–39.

**Minkmar, Nils**, »Der Reiz des Leids«, in: *Süddeutsche Zeitung*, 8. 7. 2023 (http://sz.de/1.6006501).

**Montaigne, Michel de**, *Essais*, Übersetzung von Johann Daniel Tietz, Zürich 1992.

**More in Common e.V.**, *Mehr Erreichen, Impulse für eine breitere Bürgerbeteiligung vor Ort*, Berlin 2023.

**Moustakas, Clark E.**, *Loneliness*, Engelwood Cliffs 1961.

**Müller, Hans-Peter**, »Soziale Ungleichheit und Ressentiment«, in: *Merkur* 665 (2004), S. 885–894.

**Müller, Robert**, *Ressentiment. Wiege des Populismus*, Dresden 2019.

**Mullis, Daniel / Miggelbrink, Judith (Hg.)**, *Lokal extrem Rechts*, Bielefeld 2022.

**Mullis, Daniel / Miggelbrink, Judith**, »Rechtsextremismusforschung in der deutschsprachigen Humangeographie«, in: *Geographische Zeitschrift* 109 (2021), S. 184–207.

**Naumann, Matthias**, »Infrastruktureller Populismus«, in: *Geographische Zeitschrift*, 109 (2021), S. 208–226.

**Neu, Claudia**, *Place Matters! Raumbezogene Faktoren von Einsamkeit und Isolation – Erkenntnisse und Implikationen für die Praxis*, Kompetenznetz Einsamkeit Expertise 8/2022, Frankfurt am Main/Berlin 2022.

**Neu, Claudia**, »Ungleiches Land«, in: Bernd Belina / Andreas Kallert / Michael Mießner / Matthias Naumann, Matthias (Hg.), *Ungleiche ländliche Räume*, Bielefeld 2022, S. 237–252.

**Neu, Claudia / Küpper, Beate**, »Einsamkeit, Feindseligkeit und Populismus«, in: Andreas Zick / Beate Küpper / Nico Mokros (Hg.), *Die distanzierte Mitte. Rechtsextreme und demokratiegefährdende Einstellungen in Deutschland 2023/23*, hrsg. für die Friedrich-Ebert-Stiftung von Franziska Schrörer, Bonn 2023, S. 335–353.

**Neu, Claudia / Küpper, Beate / Luhmann, Maike**, *Extrem einsam? Die demokratische Relevanz von Einsamkeitserfahrungen unter Jugendlichen in Deutschland*, hrsg. von Das Progressive Zentrum, Berlin 2023.

**Neu, Claudia / Müller, Fabian, (unter Mitwirkung von Anne Sofie Heuer und Arvid Tschesche)**, *Einsamkeit. Gutachten für den Sozialverband Deutschland*, Berlin 2020.

**Nietzsche, Friedrich**, *Jenseits von Gut und Böse. Vorspiel einer Philosophie der Zukunft*, in: ders., Werke, 2. Band, Stuttgart/Zürich/Salzburg 1960, S. 563–759.

**Nietzsche, Friedrich**, *Morgenröte. Gedanken über moralische Vorurteile*, in: ders., Werke, 1. Band, Stuttgart/Zürich/Salzburg 1960, S. 1010–1279.

**Nietzsche, Friedrich**, *Zur Genealogie der Moral*, in: ders., Werke, 2. Band, Stuttgart/Zürich/Salzburg 1960, S. 761–900.

**Nussbaum, Martha C.**, *Politische Emotionen. Warum Liebe für Gerechtigkeit wichtig ist*, Berlin 2014.

**Olschanski, Reinhard**, *Der Wille zum Feind. Über populistische Rhetorik*, Paderborn 2017.

**Olschanski, Reinhard**, *Ressentiment. Über die Vergiftung des europäischen Geistes*, Paderborn 2015.

**Perlman, Daniel / Peplau, Letitia Anne**, »Toward a Social Psychology of Loneliness«, in: Robin Gilmour / Steve Duck (Hg.), *Personal Relationships*, 3. Band, London 1981, S. 31–56.

**Petersen, Thomas**, »Weltlage schlecht, Gefühl trotzdem gut«, in: *Frankfurter Allgemeine Zeitung*, 21.12.2023.

**Probst, Peter**, »Ressentiment«, in: Joachim Ritter / Karlfried Gründer / Gottfried Gabriel (Hg.), *Historisches Wörterbuch der Philosophie*, Basel 2023 (https://www.schwabeonline.ch/).

**Putnam, Robert D.**, *Bowling Alone. The Collapse and Revival of American Community*, New York 2000.

**Qualter Pamela / Vanhalst, Janne / Harris Rebecca / Van Roekel, Eeske / Lodde, Corine / Bangee, Munirah / Maes, Marlies / Verhagen, Maaike**, »Loneliness Across the Lifespan«, in: *Perspectives on Psychological Science* 10 (2015), S. 250–264.

**Quent, Matthias**, *Deutschland rechts außen. Wie die Rechten nach der Macht greifen und wie wir sie stoppen können*, München 2019.

**Rapolienė, Garzina / Aartsen, Marja**, »Lonely Societies: Low Trust Societies? Further Explanations for National Variations in Loneliness Among Older Europeans«, in: *European Journal of Ageing* 2021 (https://link.springer.com/article/10.1007/s10433-021-00649-z).

**Reutlinger Christian / Stiehler, Steve / Lingg, Eva (Hg.)**, *Soziale Nachbarschaften. Geschichte, Grundlagen, Perspektiven. Sozialraumforschung und Sozialraumarbeit*, Wiesbaden 2015.

**Riesman, David / Denny, Reuel / Glazer, Nathan**, *Die einsame Masse. Eine Untersuchung der Wandlungen des amerikanischen Charakters*, Reinbek 1961.

**Rodríguez-Pose, Andrés**, »The Revenge of the Places that Don't Matter (and What to Do About It)«, in: *Cambridge Journal of Regions, Economy and Society* 11 (2017), S. 189–209.

**Rousseau, Jean-Jacques**, *Träumereien eines einsamen Spaziergängers*, Stuttgart 2003.

**Rousseau, Jean-Jacques**, *Vom Gesellschaftsvertrag oder Grundsätze des Staatsrechts*, Stuttgart 1977.

**Russell, Dan / Peplau, Letitia A. / Cutrona, Carolyn E.**, »The Revised UCLA Loneliness Scale: Concurrent and Discriminant Validity Evidence«, in: *Journal of Personality and Social Psychology* 39 (1980), S. 472–480.

**Safranski, Rüdiger**, *Einzeln Sein. Eine philosophische Herausforderung*, München 2021.

**Scheler, Max**, *Das Ressentiment im Aufbau der Moralen*, Frankfurt am Main 1978.

**Schelsky, Helmut**, *Einsamkeit und Freiheit. Idee und Gestalt der deutschen Universität und ihrer Reform*, Düsseldorf 1971.

**Scherpe, Klaus R.**, »Ressentiment. Eine Gefühlstatsache«, in: *Weimarer Beiträge* (54 (2008), S. 165–181.

**Schlak, Stephan**, »Moral als Beute. Die Karriere der Ressentimentkritik«, in: *Merkur* 665 (2004), S. 905–913.

**Schmitt, Carl**, *Der Begriff des Politischen. Test von 1932 mit einem Vorwort und drei Corollarien*, Berlin 1991.

**Schmitt, Carl**, *Die geistesgeschichtliche Lage des heutigen Parlamentarismus*, Berlin 1996.

**Schmitt, Carl**, *Ex Captivitate Salus. Erfahrungen der Zeit 1945/47*, Berlin 2015.
**Schmitt, Carl**, *Glossarium. Aufzeichnungen aus den Jahren 1947–1958*, hrsg. von Gerd Giesler und Martin Tielke, Berlin 2015.
**Schmitt, Carl**, *Verfassungslehre*, Berlin 1989.
**Schobin, Janosch**, *Einsamkeit, Gesellschaft und Demokratie*, Kompetenznetz Einsamkeit Expertise 11/2022, Frankfurt am Main / Berlin 2022.
**Schobin, Janosch**, »Gibt es in Deutschland eine Politik gegen Vereinsamung? Erste Bestandsaufnahme auf der Basis von Expert*innen-Interviews«, in: *Theorie und Praxis der sozialen Arbeit*, Sonderband 2022, S. 47–56.
**Schobin, Janosch**, »Vereinsamung und Vertrauen – Aspekte eines gesellschaftlichen Problems«, in: Thomas Hax-Schoppenhorst (Hg.), *Das Einsamkeits-Buch*, Göttingen 2018, S. 46–67.
**Schobin, Janosch / Haefner, Gonzalo / Eulert, Matthias**, »Gesellschaftlicher Wandel und Einsamkeit«, Gutachten für die Enquete-Kommission »Einsamkeit«, Landtag Nordrhein-Westfalen, Information 17/365A43, Düsseldorf 2021.
**Schreiber, Daniel**, *Allein*, Berlin 2021.
**Simmank, Jakob**, *Einsamkeit. Warum wir aus einem Gefühl keine Krankheit machen sollten*, Zürich 2020.
**Sloterdijk, Peter**, *Der Denker auf der Bühne. Nietzsches Materialismus*, Frankfurt am Main 2015.
**Sloterdijk, Peter**, *Die Verachtung der Massen. Versuch über Kulturkämpfe in der modernen Gesellschaft*, Frankfurt am Main 2000.
**Sloterdijk, Peter**, *Zorn und Zeit. Politisch-psychologischer Versuch*, Frankfurt am Main 2006.
**Spitzner, Manfred**, *Einsamkeit. Die unbekannte Krankheit*, München 2018.
**Steinke, Ronen**, *Verfassungsschutz. Wie der Geheimdienst Politik macht*, Berlin 2023.
**Stern, Fritz**, *Kulturpessimismus als politische Gefahr*, Stuttgart 2005.
**Stichweh, Rudolf**, »Fremdheit in der Weltgesellschaft. Indifferenz und Minimalsympathie«, in: ders., *Der Fremde. Studien zu Soziologie und Sozialgeschichte*, Berlin 2010, S. 162–177.
**Strauß, Botho**, *Die Expedition zu den Wächtern und Sprengmeistern. Kritische Prosa*, Hamburg 2020.
**Strick, Simon**, *Rechte Gefühle, Affekte und Strategien des digitalen Faschismus*, Bielefeld 2021.
**Stroppe, Anne-Katrin / Jungmann, Nils**, »Stadt, Land, Wahl, Welchen Einfluss hat der Wohnort auf die Wahlentscheidung bei der Bundestagswahl 2021?«, in: *Easy_Social_Sciences* 67 (2022), S. 49–60.
**Svendsen, Lars**, *Philosophie der Einsamkeit*, Wiesbaden 2023.

**Thoreau, Henry David**, *Über die Pflicht zum Ungehorsam gegen den Staat*, Zürich 1967.

**Thoreau, Henry David**, *Walden oder Vom Leben im Wald*, München 2020.

**Tocqueville, Alexis de**, *Über die Demokratie in Amerika*, 2 Bände, Stuttgart 1962.

**Vogl, Joseph**, *Kapital und Ressentiment. Eine kurze Theorie der Gegenwart*, München 2021.

**Voßkuhle, Andreas**, »Extremismus im Öffentlichen Dienst – Was tun?«, in: *Neue Zeitschrift für Verwaltungsrecht* 41 (2022), S. 1841–1847.

**Warren, Samuel / Brandeis, Louis**, »The Right to Privacy«, in: *Harvard Law Review* 4 (1890), S. 193–220.

**Wünsche, Jenna / Tesch-Römer, Clemens**, »Wie viele Menschen in der zweiten Lebenshälfte sind in der Bundesrepublik Deutschland von Einsamkeit betroffen?«, DZA-Fact-Sheet, Berlin 2022.

**Zentrum für Sozialforschung Halle e.V. / Institut für Politikwissenschaft Friedrich-Schiller-Universität Jena / GESIS – Leibniz-Institut für Sozialwissenschaften (Hg.)**, *Deutschland-Monitor '23 – Kurzbericht*, Halle/Jena/Mannheim 2024.

**Zick, Andreas / Küpper, Beate / Mokros, Nico (Hg.)**, *Die distanzierte Mitte. Rechtsextreme und demokratiegefährdende Einstellungen in Deutschland 2022/23*, hrsg. für die Friedrich-Ebert-Stiftung von Franziska Schröer, Bonn 2023.

**Zick, Andreas / Mokros, Nico**, »Rechtsextreme Einstellungen in der Mitte«, in: Andreas Zick / Beate Küpper / Nico Mokros (Hg.), *Die distanzierte Mitte. Rechtsextreme und demokratiegefährdende Einstellungen in Deutschland 2022/23*, Bonn 2023, S. 53–90.